DIGCITKIDS: CIUDADANÍA DIGITAL DE NIÑOS PARA NIÑOS

ENSEÑAR Y APRENDER JUNTOS PARA EMPODERAR A OTROS ALREDEDOR DEL MUNDO

MARIALICE CURRAN, PH.D.

CURRAN DEE

Versión en Español

EUGENIA TAMEZ

Edición

LUIS CARLOS PÉREZ

DigCitKids

Marialice B.F.X. Curran, Ph.D. y Curran Dee

Publicado por EduMatch®
PO Box 150324, Alexandria, VA 22315 www.edumatch.org

© 2019 Marialice B.F.X. Curran, Ph.D. & Curran Dee
Todos los derechos reservados. Ninguna parte de este libro puede ser reproducida, copiada de ninguna manera sin el permiso del editor, exceptuando lo permitido por la ley de derechos de autor de los Estados Unidos de América. Para obtener los permisos correspondientes, escribe un correo al siguiente contacto: sarah@edumatch.org.

Estos libros están disponibles al comprar en cantidades de 10 o más para uno de PREMIUMS, promociones, recaudación de fondos y usos educativos.
Para consultas y detalles, establecer contacto con el editor: sarah@edumatch.org

ISBN: 978-1-970133-38-7

En muchos sentidos, crecer en la era digital es como explorar por primera vez hacia una nueva frontera. Iniciamos esta aventura como un equipo entre madre e hijo, sin una guía oficial ni un mapa que nos mostrara el camino a seguir; sin embargo, conforme avanzábamos nos encontramos con muchas personas que se sumaron al viaje, nos acompañaron y ayudaron a seguir a lo largo de este increíble camino. La experiencia es equiparable a la de los padres primerizos que salen del hospital con su recién nacido y desearían que su bebé viniera con un manual de instrucciones integrado; a final de cuentas, la familia y los amigos son quienes proveen el mayor apoyo. Así pues, quiero agradecer a todos los padres de familia, especialmente a los míos, por ser los primeros maestros en nuestra vida; nuestro amor por aprender comienza en casa con ustedes.

Durante muchos años, mi campus universitario fue como un segundo hogar; es por ello que Curran y yo también queremos agradecer a los estudiantes de pregrado y posgrado que han asistido a mis clases a lo largo de una década, para nosotros mis alumnos representan las raíces de nuestra historia.

Asimismo, queremos agradecer a todos aquellos quienes alguna vez se tomaron el tiempo para escribir un comentario en nuestro blog, se unieron en llamadas a través de Skype, participaron en redes sociales, y nos inspiraron para seguir aprendiendo juntos. Su tiempo y contribuciones han hecho que nuestro viaje de conexión y aprendizaje digital sea más significativo.

Han sido innumerables las personas quienes nos han apoyado a lo largo de este camino; sin embargo, queremos específicamente reconocer y agradecer a Hayley Brown, Jaime Donally, Derek Larson y Sarah Thomas, por ser más que nuestra Red de Aprendizaje Personal (PLN)[1], cada uno de ustedes es una parte importante de nuestra familia en línea.

Por último, nada de esto hubiera sido posible sin el apoyo incondicional de un esposo y padre, así que gracias, Sean/Papá, por ser nuestro animador más fiel y estrepitoso.

Y para todos los colaboradores de este libro -nos encanta seguir aprendiendo junto con ustedes-, gracias por compartir sus historias acerca de cómo integrar la ciudadanía digital en su rutina diaria.

*Como dice el dicho y el hashtag, somos **#BetterTogether**[2]!*

---

1. PLN, Personal Learning Network, por sus siglas en inglés.
2. MejorJuntos, por su significado en inglés

PREFACIO

DigCitKids[1] es ciudadanía digital de niños para niños que resuelve problemas reales en comunidades locales, globales y digitales.

Si bien Curran comenzó su experiencia de aprendizaje conectado cuando cursaba el preescolar, DigCitKids nació hasta que él impartió su primera charla en TEDx Youth[2], a los nueve años de edad. El pequeño se introdujo en el tema de la ciudadanía digital al irse integrando cada vez con mayor frecuencia a las actividades de su mamá, Marialice Curran, quien preparaba y enseñaba cursos de tecnología educativa a maestros de pregrado y posgrado. En numerosas ocasiones, Curran asistía a las clases de su madre y trabajaba con los candidatos a maestros; otras veces, se involucraba en casa con proyectos de tecnología educativa, como llamadas por Skype y charlas a través de Twitter con aulas alrededor del mundo. Fue una dinámica natural que desarrollaron entre madre e hijo, dando como primer resultado un blog que posteriormente desembocó en DigCitKids.

Durante el evento TEDxYouth, Curran se percató que era el estudiante orador más joven y cuestionó la razón por la cual en un evento juvenil solamente había alumnos de preparatoria y adultos que comentaban acerca de la opinión y las ideas de los estudiantes, en lugar de ser niños o adolescentes. Esta inquietud y curiosidad impulsó la creación de DigCitKids, pues sería una manera de garantizar que los estudiantes, incluso los más pequeños, tuvieran oportunidades para inspirar y empoderar a otros estudiantes.

Como Director Oficial para Niños de DigCitKids, (CKO, Chief Kid Officer, por sus siglas en inglés), Curran destaca en su mensaje: *"El próximo Director General (CEO, Chief Executive Officer, por sus siglas en inglés) será un niño"*; así pues, no podemos seguir esperando y dejar que el tiempo transcurra sin marcar una diferencia, sin comprometernos para hacer que los niños se involucren en su aprendizaje y llevar a cabo un DigCitImpact[3] (Impacto en Ciudadanía Digital) donde piensen de manera global y actúen de manera local. Esta llamada a la acción nos recuerda que la ciudadanía digital no es solamente un plan de estudios; **ciudadanía digital es algo que podemos y necesitamos integrar en todo lo que hacemos en la escuela, nuestro hogar y el trabajo.**

Actualmente Curran cursa el sexto grado de primaria, juega hockey, básquetbol y videojuegos; además, es orador internacional y estudiantil en ISTE[4]. También ha sido orador en TEDxYouth en dos ocasiones, su charla ha sido utilizada como desarrollo profesional para educadores, como una forma de fomentar el aprendizaje conectado para estudiantes alrededor del mundo: *"Si quieren que aprendamos acerca del mundo, necesitamos aprender con el mundo"*.

Desafortunadamente, al igual que muchos niños, Curran es un estudiante conectado en un aula no conectada; su definición de acceso digital va más allá de tener acceso a la tecnología y lo ha inspirado para abogar por oportunidades de aprendizaje conectado en aulas alrededor del mundo. Alentado por la conferencia realizada por Africa´s Next CEO[5], Curran cree firmemente que el próximo CEO será un niño, por ello necesitamos proveer acceso para tener oportunidades de aprendizaje conectado para *todos* los estudiantes alrededor del mundo.

Este libro recopila historias, comparte ejemplos y experiencias, así como narraciones sobre la manera en que padres y educadores incorporan la ciudadanía digital en sus hogares y aulas. Los relatos aquí contenidos destacan cómo aprender y dialogar *con* los niños, es decir, cómo involucrarlos en el proceso de aprendizaje, pues, sin duda, es algo que todos podemos hacer, todos los días.

---

1. DigCitKids por su significado en inglés, se refiere al resultado de la abreviación de Dig=Digital Cit=Citizenship, Kids=Niños. Ciudadanía Digital hecha por niños para niños.
2. En inglés: *Technology, Entertainment, Design*) es una organización sin fines de lucro estadounidense dedicada a las "Ideas dignas de difundir" (del inglés: *Ideas worth spreading*). TEDx son congresos organizados de manera independiente bajo una licencia exclusiva de TED. Youth, se refiere a jóvenes. Las licencias para TEDxYouth pueden ser otorgadas para que se lleven a cabo por jóvenes, adultos o una combinación de ambos. Para eventos que se lleven a cabo en escuelas, la licencia debe ser otorgada a un estudiante activo, miembro de la facultad o staff. https://www.ted.com/participate/organize-a-local-tedx-event/before-you-start/event-types/youth-event
3. DigCitImpact, por su significado en inglés, se refiere a Dig=Digital, Cit=Ciudadanía, Impact=Impacto, cuando la ciudadanía digital es integrada en todo lo que hacemos, cambiando formas de pensar a través de una mentalidad empática, emprendedora, inclusiva e innovadora.
4. ISTE, por sus siglas en inglés, International Society for Technology in Education. Sociedad Internacional para la Tecnología y Educación. https://www.iste.org/
5. https://www.facebook.com/AfricasNextCEO/

PRÓLOGO

Comencemos hablando sobre el significado del título de este libro y dando a conocer cómo se reunieron los autores para llevar a cabo esta compilación. DigCitKids es una llamada a la acción, trata la manera en que necesitamos entender a las nuevas generaciones, cómo ser guía para que exploren el mundo digital, y cómo podemos aprender juntos, padres de familia, educadores y otros niños, a ser ciudadanos digitales responsables en línea.

Hace más de una década, Marialice comenzó su viaje como promotora del concepto de ciudadanía digital. A medida que su hijo Curran comenzó a explorar el mundo digital a su lado, también se convirtió en líder y defensor del movimiento de ciudadanía digital, viajando de manera eventual con su madre a diferentes partes del mundo, organizando y patrocinando eventos de ciudadanía digital. A su corta edad ya comenzaba a ser orador en conferencias locales e internacionales; además, se convirtió en uno de los oradores más jóvenes de TEDx Youth.

A lo largo de su experiencia como equipo, madre e hijo han conocido y colaborado con una gran cantidad de personas, líderes también en el movimiento de ciudadanía digital. Como señaló Curran en un inicio, los niños también necesitan estar a la vanguardia en este movimiento y contribuir a este trabajo de colaboración, dando así oportunidad a las generaciones más jóvenes para también hacer suyo este esfuerzo.

En este libro podrás leer poderosas historias narradas por fieles partidarios y creyentes de la ciudadanía digital alrededor del mundo, incluyendo países como India, Australia, Nigeria, España, Escocia, México y Estados Unidos. Este movimiento se ha extendido y se atribuye enormemente al apoyo inquebrantable de Marialice y Curran para poder cristalizar su sueño de trabajar lado a lado de manera global, local y digital, dando como resultado una nueva generación de ciudadanos digitales responsables y bondadosos.

Conforme avances en la lectura de este libro, aprenderás lado a lado con expertos, padres de familia y educadores; serás testigo de historias personales, ejemplos de conectividad global y responsabilidad digital; además, podrás obtener ideas prácticas que puedes implementar con tus propios hijos, con niños en centros educativos, así como en tu comunidad. Asimismo, aprenderás maneras de enseñar a las generaciones jóvenes a convertirse en líderes globales e incluso podrás establecer contacto con las personas que ya han iniciado esta aventura. Los autores ofrecen enlaces a numerosas fuentes de información y diferentes maneras de tener contacto con ellos. Así que comienza tu viaje hoy, explorando caminos para fortalecer tus habilidades como partidario y guía de la ciudadanía digital. Te damos la bienvenida a esta aventura personalizada de aprendizaje conectado, te invitamos a permanecer en contacto con los autores mientras lees el libro, y por qué no, continuar con esta aventura una vez que lo termines.

Judy Arzt, Ph.D.
Catedrática en Tecnología Instruccional

CAPÍTULO UNO
DIGCITKIDS: NUESTRA HISTORIA

Dra. Marialice B.F.X. Curran y Curran Dee, Estados Unidos
Instituto de Ciudadanía Digital[1]
DigCitKids

PATERNIDAD Y EDUCACIÓN EN LA ERA DIGITAL

Marialice

La paternidad en la era digital no tiene tanto que ver con la tecnología como con la paternidad. No se trata solamente de monitorear, se trata de ser guías. No se necesita ser un experto en tecnología, es necesario ser padre de familia.

Mis padres me enseñaron habilidades para la vida como atar mis zapatos, montar en bicicleta y aprender a cruzar la calle, todo eso lo aprendí junto a ellos, quienes fueron mi modelo a seguir; con el tiempo, fui aprendiendo a mejorar estas habilidades. Estas mismas reglas aplican en lo que hoy llamamos ser padres en la era digital.

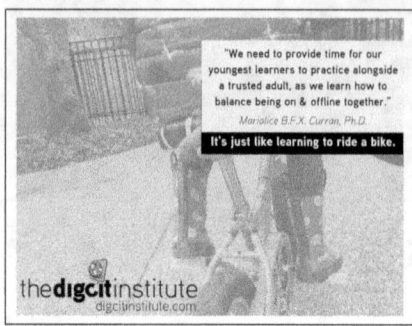

Hace algún tiempo conversé con Claudio Zavala -autor del Capítulo 8 de este libro- a través de Voxer[2], una aplicación que funciona como walkie talkie.

"Para mí, la paternidad en la era digital es como enseñar a andar en bicicleta", le comenté.

Hoy por hoy, los padres podemos ir involucrando a nuestros hijos a pasear en bicicleta. Actualmente, hay múltiples opciones para llevar a cabo esa primera experiencia en bicicleta; por ejemplo, hay asientos extra que se adaptan detrás del manubrio, un pequeño portabebé que se coloca detrás del asiento de los padres, incluso hay asientos con ruedas que van en la parte trasera de la bicicleta. Después de esa primera experiencia y algunas otras más bajo nuestra total supervisión, nuestros hijos comienzan a pedalear su propio triciclo, bicicletas pequeñas de acuerdo con su edad, con ruedas de entrenamiento; una vez que lo dominan, los pequeños ciclistas aprenden a balancearse en sus bicicletas sin necesidad de usar los pedales, o teniendo pequeñas ruedas traseras. Poco a poco llegarán a utilizar una bicicleta de mayor tamaño. En el ciclismo hay monociclos, bicicletas todoterreno, de carrera, de montaña, para necesidades especiales, incluso híbridas, entre muchas otras opciones que hacen esta práctica de movilidad accesible para todos.

Para enseñar a Curran a andar en bicicleta, he sostenido -y sigo sosteniendo-, de manera literal y figurativa, el respaldo del asiento de su bicicleta a medida que aprende a tener balance y ser independiente. Esto mismo lo he hecho en su vida digital.

Recientemente compartí esta misma analogía en una conferencia, destacando el mensaje detrás del poder de aprender juntos, de manera continua, lado a lado. Todos aprendemos de diferente forma a andar en bicicleta, a nuestro propio ritmo, en una bicicleta que satisface nuestras necesidades. Esta experiencia difícilmente se olvida; en mi caso particular, puedo recordarla cerrando mis ojos y veo el vecindario donde di mis primeras pedaleadas. Puedo sentir y anticipar la tesitura de la avenida, las curvas de la banqueta, incluso las superficies irregulares que intentaba evitar. Mi desarrollo fue tardío, así que recuerdo que *"caminaba mi bicicleta"* a donde se encontraban mis vecinos y la estacionaba junto con el resto. También recuerdo a mis padres, vecinos, y amigos sosteniendo el respaldo de mi asiento, corriendo a mi lado, dándome ánimos y consejos para conseguir mantener el balance, ¡puedo aún escuchar cómo me aplaudían el día que por fin logré andar sola en bici!

La expresión *se necesita un pueblo para criar un niño*, es tan relevante hoy en día como lo era cuando crecía. Así como cuando era niña y había la *"vigilancia de los vecinos"* o *"vigilancia del barrio"*, aún necesitamos que nuestro vecindario nos guíe. Actualmente también requerimos un grupo de personas que sea nuestro *"vecindario virtual"*, para modelar la manera en la que navegamos en internet y nos ayude a balancear los desafíos que enfrentamos en la vida. De la misma forma en que para andar en bicicleta necesitamos aprender las reglas del camino de la mano de una comunidad, teniendo personas de confianza a nuestro lado, para que un día, cuando nos encontremos a nosotros mismos frente a un nuevo camino o sendero, estemos mejor preparados para lo que nos espera, también requerimos a esta comunidad virtual que nos guíe en el camino del ciberespacio.

De esta forma comenzó nuestro viaje madre-hijo hacia el aprendizaje en ciudadanía digital. De muchas maneras, nuestra historia es un vivo ejemplo de lo que es aprendizaje personalizado en casa. Compartimos nuestra historia no como un modelo que sirve para todos, como si fuera talla única, sino como una inspiración para que puedas hacer y aprender cosas a tu manera, con tu comunidad, en casa, en la escuela y en el trabajo.

. . .

Así como aprender a andar en bicicleta, nuestros niños nos necesitan para estar a su lado a medida que van descubriendo cómo lograr el equilibrio y ser independientes, como parte de la paternidad digital es imprescindible para nuestros niños tener alguien que sostenga la parte trasera del asiento de la bicicleta cuando comienzan el viaje de su vida en línea.

CIUDADANÍA DIGITAL, EL COMIENZO DE NUESTRO VIAJE MADRE E HIJO

Marialice

Todo comenzó de manera muy natural. Cerca de casa, salíamos a caminar en la naturaleza y aprendíamos lo que podíamos acerca de dinosaurios y animales. Aproveché la iniciativa de mi hijo, nuestras aventuras eran para inculcar asombro, curiosidad y admiración por el mundo que nos rodea. Antes de salir de excursión, preparábamos nuestra mochila, la cual contenía todo lo necesario para ser un buen explorador; una brújula, cajas para guardar insectos, lentes de aumento, redes, lápices para colorear, un diario, binoculares y libros para seguir e identificar animales –(en caso de que necesitáramos reconocer alguna huella en particular). Nuestras aventuras nos sirvieron para aprender juntos, la curiosidad nos ayudaba a formular preguntas que nos llevaban a su vez a formular otras preguntas.

Como nuestras familias extensas viven en otras partes del país, en el verano del 2012 decidimos comenzar un blog[3] en el que compartimos nuestras aventuras para que nuestras familias pudieran aprender con nosotros.

Aunque nuestras aventuras comenzaron tiempo antes de iniciar nuestro blog, *Aventuras con la Mochila del Explorador* fue la primera entrada que escribimos juntos. En *The Explorers Site,* encontrarás esta y otras historias de nuestras exploraciones donde aprendíamos uno junto al otro.

Siendo Curran un niño pequeño, ingresé como Miembro de la Facultad, en el Colegio de Educación, para el programa de Tecnología Educativa, en la Universidad de Saint Joseph, en West Hartford, Connecticut. En mi rol como profesora, comencé un blog de manera profesional en 2011, no pasó mucho tiempo antes de que escribiera una entrada acerca de la Completa alegría de la curiosidad (Utter Joy of Curiosity[4]) y las aventuras con mi hijo, como una manera de ayudar a mis maestras en formación de educación elemental a entender la importancia de enseñar Ciencias Sociales y Ciencia. A medida que hacía un balance entre las demandas del trabajo y la maternidad, hubo momentos en donde tuve la necesidad de traer a mi hijo a mis clases, desde que era apenas un bebé y fue convirtiéndose en un niño pequeño. En ocasiones, él permanecía acurrucado a mi cuello, sin interés alguno de participar e involucrarse con mis estudiantes o mis colegas; en otras ocasiones, participaba activamente en el trabajo de grupo que ocurría en clase. Con el pasar de los años, Curran se hizo parte del campus; de muchas maneras, mi universidad se convirtió en un segundo hogar para él a medida que se incorporaba con los estudiantes universitarios y graduados en sus proyectos en curso.

Al principio, en la mayoría de las situaciones en público, Curran se escondía tras de mí, en pocas ocasiones hacía contacto visual con alguien, era muy tímido y callado; pero en mi salón de clases era un observador activo, ávido de participar en las actividades. Nunca impartí mis clases de manera tradicional, mis alumnos candidatos a maestros por lo general se encontraban haciendo actividades como enviar tweets, haciendo llamadas por Skype o Google Hangouts, con alguno de nuestros seis expertos iMentores[5], quienes de manera virtual nos brindaban oportunidades de aprendizaje conectivo como parte de las prácticas y observaciones de campo. Generalmente mis clases eran ruidosas y ajetreadas, sin embargo, era inevitable que Curran se uniera a un pequeño grupo y aprendiera junto con mis estudiantes universitarios y de posgrado conforme realizaban la tarea del día. A pesar de que por lo general no hablaba a lo largo de las clases, siempre estaba completamente comprometido con alguna actividad.

Esto también se hacía evidente en casa cuando mostraba interés en ayudarme a preparar mis cursos. Él quería saber todo acerca de los proyectos que se llevarían a cabo y se sentaba a mi lado, aprendiendo junto a mí. Mis estudiantes universitarios y de posgrado eran además *"blog buddies"* o *"compañeros de blog"* con otras aulas; cada semana, para revisar sus actividades, dejábamos comentarios para ellos. En casa, Curran visitaba los blogs y me ayudaba a elaborar los comentarios. Viendo todo esto en retrospectiva y la manera en la que comenzó nuestro viaje juntos, no me sorprende que se haya involucrado activamente con mi trabajo.

Curran

Antes de ir a la escuela, mi madre y yo siempre hacíamos cosas juntos, como ir de aventura a caminar en la naturaleza, escribir un blog, probar nuevas herramientas de tecnología educativa, un chat en Twitter, llamadas por Skype, o conferencias en línea. Aprender era algo que hacíamos juntos, mucho de ese aprendizaje comenzó fuera del salón de clases, como la vez que estábamos en San Diego y comenzamos a comparar y contrastar la Costa Este y la Costa Oeste de Estados Unidos, o la ocasión en que fui de cacería de langosta con mi amigo Jerry Pallota[6], autor de diferentes libros para niños. Compartíamos en nuestro blog nuestras experiencias y aventuras de la vida real, cada una de ellas eran para mí momentos de aprendizaje.

Asistí a cursos de pregrado y posgrado donde trabajaba en proyectos con los estudiantes de mi mamá. Algunos eran en línea y los participantes utilizaban herramientas de tecnología educativa, otros eran experimentos de ciencia o aventuras en ciencias sociales, como Geocaching[7]. Realizamos sesiones de Skype con diferentes aulas, eso siempre era divertido porque de esa manera conocimos a muchas personas y aprendimos muchas cosas. Algunas de esas conexiones en línea eventualmente se convirtieron en lo que denominamos mi vecindario en línea. Junto a mi mamá, elegí adultos confiables en mi vida digital, con los cuales podía contar en caso de necesitar ayuda, tal como lo hacíamos con los vecinos que viven cerca de casa.

Marialice

En noviembre de 2013, pretendí crear un momento de aprendizaje para mis estudiantes universitarios. Quería que aprendieran sobre la permanencia de sus decisiones en la vida digital, así como las consecuencias de tener una audiencia no intencional o no deseada. Lo que pronto me condujo a darme cuenta que mi rol como educador y madre coincidían.

Fue entonces cuando pensé que si Julio Verne[8] pudo viajar alrededor del mundo en ochenta días, ¿cuánto tiempo tardaría un tweet en hacer lo mismo? Me pregunté qué tan rápido un simple tweet podría ser retuiteado o reenviado alrededor del mundo, y qué lugares recorrería. El proyecto que resultó fue *"Un tweet visto alrededor del Mundo,*[9]*"* una combinación de los viajes de Julio Verne y la famosa declaración que marcó el inicio de la Revolución Americana, *"El disparo que se escuchó alrededor del mundo"*. Ese tweet viajó por los 50 estados de los Estados Unidos y fue leído en 30 países, en seis de los siete continentes, en 24 horas. A medida que las 264 respuestas llegaban rápidamente y activaban mi computadora, Curran, quien en ese entonces era un estudiante de primer grado de primaria, quedó fascinado.

"Llegamos a Indonesia", esta expresión de su parte inmediatamente hizo eco con más emoción *"¡Llegamos a Indonesia!"*... *"Pero, ¿dónde está Indonesia?"* Esta experiencia con mi hijo sorpresivamente se convirtió en una invaluable lección de geografía, así como en un momento de aprendizaje para mis estudiantes en donde pudieron comprender el poder de las redes sociales como herramienta de enseñanza.

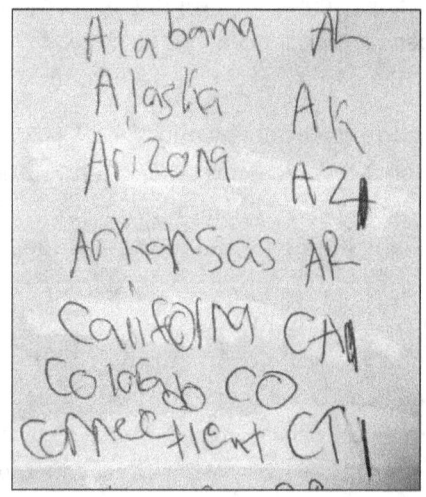

Curran

Mi viaje a través del aprendizaje conectado realmente comenzó cuando yo cursaba primer año de primaria y mi mamá envió un tweet alrededor del mundo. Aunque era una lección para sus estudiantes, fue para mí la primera lección oficial sobre ciudadanía digital.

Ese tweet viajó alrededor del mundo en 24 horas, a lo largo de las cuales recibió dos mil 274 visitas y 264 comentarios. Este es el poder de publicar nuestro trabajo a una audiencia auténtica. Fue entonces que sacamos nuestro mapa mundial para que yo pudiera encontrar, registrar y hacer un recuento de cada ubicación.

El tweet viajó alrededor de los 50 estados de los Estados Unidos, además de Canadá, México, Costa Rica, Australia, Singapur, Inglaterra, Irlanda, Gales, Escocia, Suecia, Bélgica, Holanda, Sudáfrica, Finlandia, Dinamarca, Italia, Francia, Dubai, Rusia, Indonesia, Alemania, Nueva Zelanda, Vietnam, Corea, China, Japón y Rumania. Fue la mejor lección de geografía que pude haber aprendido hasta entonces.

Al día siguiente, mi deseo de seguir aprendiendo acerca del mundo continuaba, así que pregunté a mamá si podía comenzar mi propio blog, *Alrededor del Mundo con Curran*[10].

Mientras aprendía de forma tradicional en el salón de clases, en casa escribía blogs. A la edad de siete años, entendí el significado de que los estudiantes participen de manera activa en su proceso educativo, elijan y tengan voz. En casa lo experimentaba, entendí el poder de las redes sociales para conectarse con personas alrededor del mundo y de esta manera hacer que mi aprendizaje fuera auténtico. En casa, junto con mamá, aprendí de los estudiantes de Linda Yollis,[11] en California, cómo cuidar la calidad de mis comentarios en los blogs, aprendí acerca de los blogs para el salón de clases en Kidblog y #Comments4Kids, blog de William Chamberlain[12] y Kathy Cassidy[13], sus estudiantes en Canadá fueron inspiración para compartir mi voz con el mundo.

APRENDIZAJE DISTINTO, DELIBERADO Y SIGNIFICATIVO

Curran

Al finalizar primer grado de primaria, nos asignaron en clase un proyecto sobre animales que viven en la selva tropical, el cual consistía en un paquete con una gran cantidad de instrucciones y preguntas para responder; al llegar a casa, decidí mejor hacer un blog sobre mi proyecto. Pregunté a mis lectores si podían compartir conmigo sobre qué animal de la selva tropical les gustaría investigar y por qué. Y así como en mi primer blog, la publicación sobre los animales en la selva tropical recibió una gran cantidad de comentarios.

De todas las sugerencias sobre animales tropicales que recibí, me di a la tarea de buscar cada ubicación en el mapa, así como investigar más a fondo sobre cada uno de ellos. Aprendí acerca del okapi, el guacamayo jacinto, la paloma de la fruta de Jambu, el aye-aye, la rana de cristal o centrolénidos, el pez candirú, el tigre de bengala, la cotorra puertorriqueña, el tucán, la *panay cloudrunner* (conocido comúnmente como la rata de la nube), las hormigas cortadoras de hojas, la araña hawaiana de la carita feliz, el delfín rosado y la rana venenosa, entre muchos otros. Ordené la lista en categorías hasta que obtuve mis 10 favoritos, luego mis cinco favoritos, hasta llegar a mi decisión final -el maturón o binturong. Nunca hubiera investigado sobre el manturón de no ser por un comentario que me hicieron desde Perú, este animal tiene cola prensil, es decir, su cola le permite sujetar objetos y además huele a palomitas de maíz.

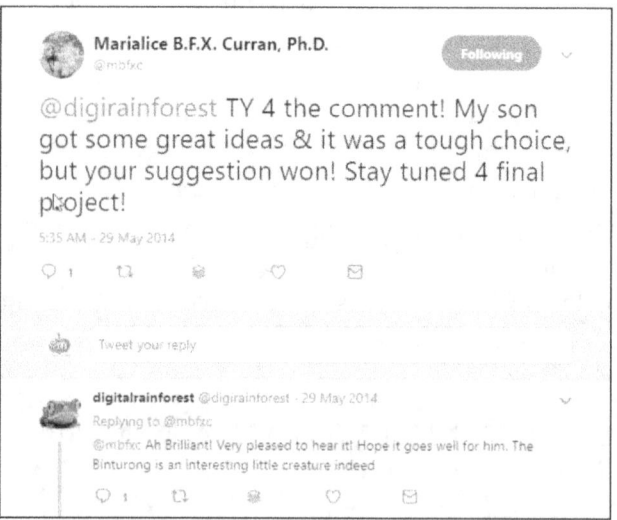

Desearía que todos mis compañeros de clase de primer grado hubieran tenido la misma experiencia de aprendizaje que tuve; sin embargo, no fue así, solo completaron y respondieron las preguntas que nos fueron entregadas en el paquete de hojas de trabajo.

Marialice

Cuando Curran llegó a casa con el paquete instrucciones y hojas de trabajo para el proyecto de animales de la selva tropical, me comentó que no sólo quería aprender de los animales de la selva tropical incluídos en la lista de su maestro, en cambio, lo que él quería era aprender sobre *todos* los animales de la selva tropical. Fue entonces cuando me preguntó si podía hacer un blog para ello y si yo podía enviar tweets acerca del mismo - es increíble que un alumno de primer grado pudiera entender el poder que tienen las redes sociales como herramienta de enseñanza. Escribió su blog, Animales en la Selva Tropical[14], y pidió sugerencias a sus lectores para investigar sobre algún animal de la selva tropical. De la misma forma en la que buscó todas las ubicaciones en el mapa mundial, investigó sobre cada animal que le fue sugerido. Como mamá, me hizo muy feliz que estuviera tan involucrado y comprometido en el proyecto, pero como educadora, mi corazón se rompió, pues todos los estudiantes deberían tener las mismas oportunidades para aprender de esta manera.

Como profesora universitaria, personalizaba mi programa de estudios así como los cursos que impartía. Mi enseñanza hacía hincapié en el por qué el aprendizaje es más efectivo cuando se publica que cuando solamente se repite la misma actividad durante todos los días. Cada semestre comenzaba diciendo, *"si te inscribiste en este curso esperando que yo te enseñe algo, siento decirlo pero estás en el curso equivocado"*. Después de esto agregaba, *"pero, si estás dispuesto a confiar en mí, te prometo que aprenderé contigo, en cada paso del camino"*.

No importa la edad que tengas, construir la confianza es la base del aprendizaje. En uno de mis blogs[15], escribí sobre la primera vez que Curran saltó de un trampolín, esto me recordó la similitud para aprender a montar en bicicleta. ¿Cuál es el común denominador? Conocer a alguien de confianza que permanezca a tu lado. Pedimos a nuestros estudiantes en las aulas que se atrevan a tomar riesgos pero, ¿qué hacemos nosotros para crear un ambiente seguro? ¿Cómo ayudamos a que nuestros estudiantes se sientan lo suficientemente seguros en el salón de clases para brincar del trampolín?

Imaginemos que el aprendizaje fuera similar al proyecto de Curran sobre animales de la selva tropical. El resultado sería tener en casa, la escuela y el trabajo, alumnos comprometidos y con grandes capacidades. Nunca pensé incluso que pudiéramos exponer en público nuestra historia juntos, pero para mi sorpresa, en Octubre de 2015, cuando subí al escenario para dar los comentarios finales en el primer DigCitSummit[16], Curran me siguió. Fue entonces que al darme cuenta me volví hacia él y le pregunté si tenía algo más que compartir, asintió y me dijo que quería compartir su historia del binturón con la audiencia. Así que lo ayudé diciendo las primeras oraciones y posteriormente él terminó de contar la historia, al finalizar, se acercó al micrófono y dijo *"gracias"*.

Ese día aprendí una lección invaluable. Cada uno de nuestros estudiantes tiene una historia que contar; sólo necesitan una invitación o una oportunidad para contarla. Pensemos en los estudiantes más serios y callados, ¿cómo los apoyamos? ¿Qué hacemos para hacerlos sentir seguros y proveerles oportunidades para que saquen lo mejor de ellos mismos? La respuesta es simple: Nuestros estudiantes se merecen tener oportunidades en la escuela que los ayuden a crear conexiones y así puedan colaborar con otros estudiantes y aulas alrededor del mundo.

Curran

Esa fue la primera vez que estuve en un escenario. Conocía a mucha gente que asistió al DigCitSummit, pues una gran parte eran estudiantes de mi mamá y otros eran parte de mi (PLN Personal Learning Network) Red Personal de Aprendizaje y de mi vecindario en línea. Durante esa sesión, antes de las notas finales, escuché a Timmy Sullivan[17] un estudiante de tercer año de secundaria, quien iba acompañado de su maestro, ahí fue cuando supe que quería yo también contar mi historia.

Cuando seguí a mi mamá al momento en que subió al escenario, ese fue el momento en que nos convertimos en un equipo co-presentador.

Cada estudiante tiene una historia para contar; solo necesita una invitación para contarla. Tú puedes hacerlo creando una cuenta en alguna red social en conjunto, invítalos a participar, ya sea con tu hijo o bien con tus alumnos. Haz conexiones reales en casa, en la escuela, en el trabajo.- Marialice.

Incluso los estudiantes más callados y tranquilos tenemos algo qué decir; aunque no levantemos la mano para participar en clase, hay otras maneras de involucrarnos en el proceso de aprendizaje.- Curran.

LA IMPORTANCIA DEL APRENDIZAJE CONECTADO

Marialice

El efecto dominó que una idea puede generar en el mundo siempre me ha sorprendido. He comparado el efecto que se hace al lanzar una piedra al agua; el impacto de la piedra contra el agua crea ondas en movimiento. Como educadora, experimenté dicho efecto de ondas durante el otoño de 2009, cuando fui invitada al salón de tercer grado de Tracy Mercier (@vr21tch) para participar en un evento de tecnología estudiantil. Me senté en el tapete con algunos de los niños de tercer grado. Se mostraban ocupados tecleando en sus tabletas, me preguntaron si podía deletrear mi nombre. Entonces me informaron que revisarían en internet si yo estaba tomando decisiones socialmente responsables en mi vida digital. Quedé asombrada, me detuve y tragué saliva. Esa era la primera vez que estuve consiente de que alguien hacía una búsqueda en Google acerca de mí.

¿Qué encontrarían?

Para mi suerte, crecí en la década de 1980 y mi adolescencia no fue capturada de manera permanentemente en internet. Lo único que pudieron encontrar los alumnos de tercer grado fue la evidencia de mi trabajo como miembro de la facultad universitaria, pero esta experiencia me hizo reflexionar y crear conciencia de la responsabilidad que tenía para preparar a los futuros docentes en poder satisfacer las necesidades de los estudiantes de hoy en día. Ese año me dediqué a crear y desarrollar el primer curso de tres créditos de ciudadanía digital, *específicamente enfocado a ciudadanía digital*, en los Estados Unidos.

Para el otoño de 2010, me encontraba enseñando el nuevo curso de ciudadanía digital; alrededor de las mismas fechas, ocurrió un trágico incidente que involucró redes sociales, homofobia e invasión a la privacidad. Tyler Clementi[18], un estudiante de primer año de la Universidad Rutgers, en Nueva Jersey, se suicidó después de descubrir que su compañero de cuarto había grabado y publicado en secreto videos sobre su vida privada. Han habido muchos casos de suicidio que me han afectado, pero por primera vez, por encontrarme en una etapa de madre primeriza, me afectó de manera personal. Así que escribí un blog acerca del tema, *Dinosaurs and Tiaras: Facing Intolerance*[19].

> *No conocí a Tyler, pero su suicidio hizo que me enfocara en una solución determinante. Tyler Clementi pudo haber sido mi hijo o tu hijo. Era hermano, nieto, sobrino, primo, amigo y vecino. Esta perspectiva me cimbró y lanzó a un territorio en el cual nunca había estado. Ahora soy madre de un pequeño niño. ¿Qué pasaría si fuera mi hijo? ¿Qué puedo hacer para asegurarme que este tipo de casos no vuelva a suceder? ¿Cómo puedo hacer la diferencia?"*

Entonces comencé a crear un nuevo curso para el Programa de Seminarios de Primer Año de mi universidad, dirigido a estudiantes recién ingresados: *Encantado de "tuitearte", ¿eres un Ciudadano Digital Socialmente Responsable?*

Sabía que este curso sería una oportunidad para que los estudiantes de primer ingreso construyeran una base para su experiencia al iniciar la universidad, pero también pensé que hacer conexiones personales más allá de las paredes de nuestro campus les brindaría una oportunidad de aprendizaje conectivo invaluable. Antes de que comenzara el curso, escribí en el blog[20] ese verano y pregunté si algún otro salón de clases deseaba unirse al proyecto. Hubo muchas respuestas, pero Beth Sanders, de Birmingham, Alabama, participó con sus estudiantes de preparatoria. Durante un semestre entero, la distancia geográfica no fue un inconveniente a medida que nuestros salones colaboraron a través de Twitter y Skype para definir lo que significaba ser un ciudadano digital en el siglo XXI. El producto final de este proyecto fue iCitizen Project[21], donde los estudiantes compartieron la importancia de pensar y actuar de manera simultánea en diferentes niveles, local, global y digital.

Aunque originalmente esperaba que el resultado de este curso fuera una solución pensada por los estudiantes contra el ciberbullying, lo que ambas aulas demostraron fue el comienzo de una transición de enfoque reactivo a proactivo. A medida que todos se involucraban con el proyecto iCitizen, experimentaban la diferencia entre ser un ciudadano activo, no solamente un residente; un promotor de cambio, no solamente un espectador. El enfoque principal fue la empatía, y aprendieron la importancia de humanizar a la persona que está a un lado, al otro lado del mundo, así como del otro lado de la pantalla.

A medida que avanzaba el semestre, los estudiantes de ambos salones tomaron roles activos al liderar chats en Twitter dirigidos a maestros, creando anuncios de servicio público y siendo la voz detrás de nuestro primer evento transmitido en vivo, iCitizenship Town Hall Meeting[22], lo cual representó ser el primer capítulo para posteriormente ser la sede inaugural de la Cumbre de Ciudadanía Digital, en octubre de 2015.

Curran

Desde el primer grado, he utilizado una gran variedad de herramientas para conectarme y aprender con el mundo. He presentado en eventos como EdChange Global, Global Maker Day, EduMatch, y Pass the Scope EDU. He moderado docenas de chats en Twitter y brindado desarrollo profesional para maestros. He compartido mi historia en TEDxYouth, DigCitSummits, alrededor del mundo, en Reino Unido, Nigeria, México, España e Irlanda, así como presentaciones en las oficinas corporativas de Twitter, y en la conferencia ISTE, por mencionar algunas. Todas estas increíbles oportunidades de aprendizaje conectivo han sucedido fuera de la escuela.

Soy un estudiante conectado en un aula desconectada.

¿Por qué la escuela nos pide que aprendamos de manera aislada?

La frase *"ningún hombre es una isla"*, necesita también aplicarse hacia los estudiantes. No quiero estar en una isla dentro de la escuela. Quiero estar conectado con las aulas y los estudiantes alrededor del mundo. Conozco cómo son las aulas conectadas y cómo trabajan porque me uno a ellas desde casa.

Marialice

¿Cuáles son los beneficios de una educación global? Nos une. La geografía y la distancia ya no representan un obstáculo, y con el traductor de Google, el lenguaje tampoco representa una barrera para conectarnos.

Cuando estuvimos en Nigeria para DigCitSummitNG[23], conocimos a dos hermanos, Curran los invitó a unirse para el evento Global Read Aloud[24], un proyecto donde estudiantes y maestros de diferentes partes del mundo trabajan en conjunto para fomentar la lectura. Como todos sabemos, un libro puede cambiar una vida, pero una oportunidad para romper las paredes del salón de clases y aprender y conectarse con otros estudiantes y aulas nos conecta con el mundo desde la palma de la mano.

Curran

Hay tantas maneras en las que puedes aprender del mundo con el mundo, desde casa y desde la escuela. Global Read Aloud, es solamente una forma de experimentar la increíble experiencia y lo poderoso que puede ser el aprendizaje conectado. Cuando nos conectamos con los niños en Nigeria, aprendí que hay más cosas que nos hacen similares que aquellas que nos hacen distintos. No importa dónde vivas o cuáles idioma hables, los niños son niños en todas partes.

Una de nuestras historias favoritas de aprendizaje conectado sucedió durante un Skypeathon[25], hace algunos años. El día de San Andrés, los alumnos de la maestra Jalland cantaron *"La Flor de Escocia*[26]*"* ¿De qué otra manera hubiera aprendido acerca de este día festivo en Escocia, de no haberme unido al Skypeathon? Es de esta manera como el aprendizaje debería practicarse cada día en los salones de clase.

A medida que hemos reflexionado juntos sobre nuestro viaje en el aprendizaje conectado, nos damos cuenta que comenzó desde una edad muy temprana sin estar conectados a internet. Queremos impulsar que tú también inicies esta conversación en casa, puede ser haciendo cosas simples, como asistir a conciertos o ver jugar a tu equipo deportivo favorito sin celular[27] o algún dispositivo, simplemente para disfrutar el placer de vivir fuera del mundo digital (JOMO, Joy Of Missing Out, por sus siglas en inglés) a medida que te permites estar en el momento presente.

Decidan como familia mantener todos los dispositivos -no solamente los de los niños-ya sea en la parte baja de la casa o en un lugar alejado durante la noche y regresen por ellos al día siguiente. Elijan decir las *"buenas noches"* y los *"buenos días"* entre los miembros de la familia en lugar de hacerlo a través de un dispositivo. Que las cenas familiares sean libres de dispositivos, así como las visitas a los familiares, pues este tipo de dinámicas son enriquecedoras para todos, son vitales. Recordemos que los niños siempre nos están observando, es por ello que necesitamos ser los mejores modelos que podemos ser, así que organiza una junta familiar y decidan qué es lo mejor para ustedes y su familia, con la finalidad de que juntos puedan aprender y convivir mejor.

> *No se trata de tecnología, se trata de un cambio de mentalidad. Necesitamos estar dispuestos a aprender junto a nuestros estudiantes en el salón de clases y con nuestros hijos pequeños y adolescentes en casa.-* Marialice

> *No nos pidan memorizar cosas que podemos buscar en Google, necesitamos aprender acerca del mundo con el mundo. Necesitamos publicar nuestro trabajo, no llenar hojas de trabajo para solamente entregarlas a nuestros maestros.-* Curran

DIGCITKIDS: CIUDADANÍA DIGITAL DE NIÑOS PARA NIÑOS

Curran

Durante mi tercer año de primaria, impartí mi primera charla TEDx-Youth y compartí mi historia, *Mi deseo: Acceso digital para todos los estudiantes, de todas partes*[28]. En ese momento me percaté de que los demás estudiantes oradores estaban en grados de secundaria y superior, mientras el resto eran todos adultos; eso me hizo preguntarme, *"¿por qué todos debemos esperar para hablar hacia otros estudiantes hasta que seamos mayores, si todos los estudiantes de educación primaria, como yo, también tenemos mucho qué decir?"* Noté que los adultos hablaban siempre de la voz de los estudiantes, pero no entendía por qué no había otros niños hablando de ello. En lugar de que los adultos hablen sobre motivar y empoderar a los niños, me gustaría que fueran los niños quienes inspiren y empoderen a otros niños.

Compartir mi historia me inspiró a emprender mi propia compañía, DigCitKids, ciudadanía digital de niños para niños, creada como una manera de compartir desde la casa y la escuela nuestras voces con el mundo, resolviendo problemas y creando soluciones, además de empoderar a otros niños, pues nuestras acciones en línea pueden viajar alrededor del planeta y ayudar a otros niños.

Si quieres #**bethatKINDofkid**, (#seresetipodeniño), puedes hacer esta promesa inspirada por el Presidente Barack Obama: *"Quiero que nos preguntemos todos los días, cómo empleamos la tecnología para marcar una diferencia real en la vida de otras personas*[29]*"*. En DigCitKids, nuestro pensamiento es: "¿Cómo empleas la tecnología todos los días para marcar una diferencia real en tu comunidad, con otros niños y el mundo?"

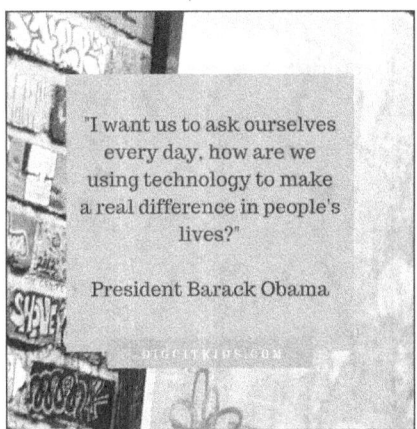

Marialice y Curran

DigCitKids, no es un plan de estudios separado -tampoco un agregado al programa curricular. La ciudadanía digital es algo que todos necesitamos representar e integrar en el ámbito educativo en todos los grados y contenidos, no se trata solamente de una lista de materiales y procedimientos.

En los siguientes capítulos se mostrará lo fácil que puede integrarse la ciudadanía digital en casa y en la escuela. Esperamos que nuestra historia te inspire, así como las historias compartidas en este libro. Cada autor ha incluido diferentes tips y consejos prácticos en cada capítulo para ayudarte a comenzar tu propio viaje hacia el aprendizaje conectado. Esperamos que compartas tus historias con nosotros en digcitkids.com, ¡asegúrate de agregar los hashtags **#DigCitKids** y **#bethatKINDofkid**, a tus publicaciones en redes sociales!

QUÉ SIGNIFICA SER APROBADO POR DIGCITKIDS

Los siguientes capítulos muestran ejemplos de nuestras historias favoritas y *Aprobadas por DigCitKids*. Para ser *Aprobado por DigCitKids*, es necesario **compartir** tu voz con el mundo, **resolver** problemas y crear soluciones, **empoderar** a otros niños en casa y en la escuela.

Utilizamos el hashtag **#DigCitKidsApproved** (*Aprobado por DigCitKids*, por su traducción en inglés) cuando compartimos historias acerca de niños haciendo cosas increíbles en casa y en aulas alrededor del mundo. El siguiente blog destaca 30 estudiantes y salones de clase, historias que #**DigCitKidsApproved**.

Asegúrate de conectar y aprender con estos niños increíbles[30]. A menudo nos preguntan, ¿*cómo podemos comenzar?* Una manera fácil de comenzar tu propio camino Aprobado por DigCitKids, es hacer que los niños se conecten con personas mayores como una manera de aprender como comunidad.

Curran

Puedes comenzar entrevistando a tus abuelos o a cualquier adulto mayor en tu comunidad. Escribí un blog acerca de mi experiencia, "*Aprendiendo Juntos: DigCitKids y Ciber Adultos*[31]", esto fue lo que aprendí:

> *El aprendizaje es una calle de doble sentido. Tenemos mucho qué aprender de nuestros mayores, así como ellos tienen mucho qué aprender de nosotros.*
>
> *Nosotros no contamos con un teléfono fijo en casa, pero aprendí que llamar a mis abuelos es una mejor manera de hablar con ellos de este proyecto en lugar de enviarles una liga por internet para que respondan una encuesta en línea. También aprendí que los adultos mayores no necesitan llevar consigo un dispositivo a donde quiera que van. Estar conectados tiene un significado diferente para ellos. Para mis abuelas, por ejemplo, estar conectado significa estar presente con la gente que amas.*

Marialice

El aprendizaje intergeneracional o entre generaciones nos recuerda a todos que el aprendizaje es un esfuerzo que se hace a lo largo de toda nuestra vida, y que todos somos aprendices independientemente de nuestra edad.

Cuando los niños tienen la oportunidad de aprender junto a sus padres -y abuelos- en casa, brindamos un enfoque comunitario para transformar a los estudiantes que piensan de manera crítica y actúan de manera creativa como solucionadores de problemas y ciudadanos activos.

Un gran ejemplo de cómo los jóvenes y los adultos mayores pueden aprender juntos, es *El Proyecto de Intercambio del Habla*[32] (*The Speaking Exchange Project*, por su traducción al inglés). Estudiantes de Brasil se conectan con ciudadanos de los Estados Unidos que viven en casas de retiro. Ellos quieren aprender y practicar el idioma Inglés para hablar de manera fluida; sin embargo, la experiencia de aprender un nuevo idioma cambió y ayudó a crear más conexiones humanas; tal como lo compartió Curran, el aprendizaje entre los estudiantes y los adultos mayores fue recíproca. El Proyecto Ciber Adulto, mencionado con anterioridad, es otro ejemplo de aprendizaje entre niños y adultos mayores, además es un recordatorio de que estando sentados uno al lado del otro o a través de la pantalla, niños y adultos mayores pueden aprender mucho entre ellos.

Entra en contacto con Marialice a través de @mbfxc, y con Curran en @DigCitKids, para continuar aprendiendo junto con este equipo de madre e hijo.

CÓMO PUEDES EMPEZAR

Entendiendo nuestra mentalidad de ser una Comunidad de Ciudadanía Digital (DigCitCommunity Mindset, por su traducción al inglés).

En el Instituto de Ciudadanía Digital[33] (*DigCitInstitute*, por sus siglas y significado en inglés), creemos que los estudiantes necesitan desarrollar cuatro habilidades, las cuales se muestran en el gráfico anterior - empático, emprendedor, inclusivo, innovador- y deben ser incluidas en el programa curricular, desde el jardín de niños hasta la Preparatoria (K-12[34]). A continuación mostramos algunos ejemplos **Aprobados por DigCitKids**, para destacar y mostrar cómo estas cuatro habilidades se ven reflejadas en acciones. Independientemente del grado, nivel educativo o tipo de enseñanza, estas habilidades pueden integrarse en la práctica diaria y utilizarse en casa o en la escuela.

Si analizamos el video *"El futuro del trabajo: ¿Nuestros niños estarán preparados?"*[35], nos damos cuenta que los estudiantes de todos los niveles educativos, en especial desde el jardín de niños hasta la Preparatoria, necesitan diariamente practicar y experimentar la empatía, pues una *Perspectiva Empática* permite a los estudiantes entender y compartir los sentimientos de los demás y tener la capacidad de *"ponerse en sus zapatos"*.

Tomemos el ejemplo de Curran, en su charla TEDxYouth, la cual comentamos anteriormente en este capítulo; si nos *"ponemos en sus zapatos"*, comprenderemos la perspectiva de ser un alumno conectado en un aula no conectada: *"Mi deseo: Acceso Digital para todos los estudiantes, en todas partes"*.

¿Cómo estamos preparando a nuestros estudiantes para el futuro?

¿Qué podemos hacer de manera diferente para que todos nuestros estudiantes construyan su formación, teniendo como base la empatía?

Fue durante TEDxYouth, cuando Curran miró a su alrededor y preguntó, *"¿por qué aquí no hay niños hablando sobre la voz de los estudiantes?"* Estaba sorprendido de asistir a un evento juvenil y solamente encontrar entre los participantes a estudiantes de preparatoria y adultos que hablaban sobre la voz de los estudiantes, solamente era él quien representaba a los alumnos de nivel primaria. Fue en este momento que desarrolló su habilidad de emprendedor, identificando una necesidad y la resolvió, comenzando así DigCitKids mientras decía: *"El siguiente CEO, será un niño; necesitamos más niños a cargo (CKO Chief Kid Officers, por sus siglas en inglés) en el Mundo, que identifiquen y resuelvan problemas reales".*

Incorporar una *Perspectiva Empresarial* en el programa curricular de los estudiantes de K-12, provee oportunidades para que se conviertan en pensadores críticos, solucionadores creativos de problemas, quienes a la larga transformarán mentes, corazones y actitudes al resolver problemas reales en comunidades locales, globales y digitales.

El siguiente componente se centra en la inclusión, donde el acceso para todos, la diversidad y la igualdad son fundamentales. Aplicando el marco de Diseño Universal para el Aprendizaje (UDL, por sus siglas en inglés), una *Perspectiva Inclusiva* brinda a todos los individuos la misma oportunidad de aprender. Además, promueve el aprendizaje personalizado donde todos los alumnos y todas las habilidades son reconocidas, incluidas y valoradas. El UDL proporciona enfoques flexibles que pueden personalizarse y ajustarse a las necesidades individuales para que todos tengan acceso a las mismas oportunidades de aprendizaje. Para modelar y fomentar esta habilidad, Curran comienza de manera inesperada su charla en DigCitSummit, en Madrid, agradeciendo a los intérpretes de lenguaje de señas[36], recordando a la audiencia que esta es la manera en la que la accesibilidad toma acción, porque gracias a los intérpretes de lenguaje de señas, su padre que es sordo, puede participar siguiendo la transmisión en vivo desde los Estados Unidos. Esto es un recordatorio para todos, ser conscientes de que todos los alumnos deberían tener acceso total al aprendizaje que se lleva a cabo en nuestras aulas.

La cuarta habilidad que se necesita desarrollar en nuestros alumnos es la innovación. Los innovadores hacen preguntas que aún no se han hecho con anterioridad, son los creadores, los soñadores, los hacedores, los futuristas que constantemente piensan de manera original, fuera del molde y, en este caso, agregamos que piensan *"fuera de la caja de zapatos"*. Cuando Curran estaba en quinto grado, se le asignó un diorama tradicional que adaptó en un diorama virtual en Minecraft[37]. Pensar y actuar con una *Perspectiva Innovadora* permite llenarse con un sentido insaciable de curiosidad, como todos sabemos, una pregunta siempre lleva a otra.

Las historias incluidas en este libro proporcionan ejemplos concretos de DigCitKids que servirán de modelo, con ello podrás conocer cómo se ve reflejada la *Mentalidad DigCitCommunity* (Comunidad de Ciudadanía Digital, por su significado en inglés) cuando incorporamos empatía, espíritu emprendedor, inclusión e innovación en nuestras rutinas diarias y programas curriculares. Los siguientes capítulos tienen la intención de inspirar a la acción, en el hogar o la escuela desde la escuela Primaria hasta Preparatoria- para invitar a los estudiantes a unirse con nosotros en este viaje de aprendizaje en el que hablamos con los estudiantes, no hacia ellos.

Una manera fácil de comenzar es identificando un problema real en tu comunidad y resolverlo, tal como Lila Mankad lo hizo cuando completó su proyecto de Ciencias, el cual llegó a ser una petición en Change.org, [38] Bag-Free Bayous Houston. Esta es una manera de llevar a cabo un DigCitImpact, inspirando y empoderando a otros estudiantes alrededor del Mundo.

Marialice y su hijo Curran, son reconocidos internacionalmente como un equipo pionero en ciudadanía digital que promueve el aprendizaje conectado a través de la colaboración global como una manera de educar y empoderar comunidades locales, globales y digitales. Profesionalmente, Marialice ha servido como catedrática asociada, profesora de educación media, así como directora; es campeona en promover la voz de los estudiantes.

Conéctate en Twitter con el DigCitInstitute en @digcitinstitute y DigCit-Summit en @digcitsummit para involucrarte con estas iniciativas globales.

---

1. Instituto de Ciudadanía Digital, dedicado a promover la práctica de la ciudadanía digital en el uso de la tecnología de manera local, global y digital. (Digital Citizenship Institute) http://www.digcitinstitute.com/ Acceso Julio 9, 2019.
2. Voxer: Aplicación que permite comunicarnos utilizando nuestro teléfono como si fuera walkie talkie, además, se puede compartir imágenes, mensajes de texto. https://www.voxer.com/
3. https://sites.google.com/a/gonevr2l.com/theexplorerssite/home Acceso Julio 10, 2019.
4. "The Utter Joy of Curiosity - Marialice B.F.X. Curran - WordPress.com"https://mbfxc.wordpress.com/2011/04/03/the-utter-joy-of-curiosity/ Acceso Julio 10, 2019.
5. Curran, Marialice BFX, y Regina G. Chatel. "Virtual mentors: Embracing social media in teacher preparation programs." Pedagogical applications and social effects of mobile technology integration. IGI Global, 2013. 258-276.
6. https://sites.google.com/a/gonevr2l.com/theexplorerssite/home/lostering-with-our-friend-jerry-pallotta Acceso Julio 10, 2019.
7. https://es.wikipedia.org/wiki/Geocaching y https://www.geocaching.com/play Acceso Julio 10, 2019
8. Wikipedia. (2005). Julio Verne. 2019, de Wikipedia Sitio web: https://es.wikipedia.org/wiki/Julio_Verne
9. Marialice Curran, PhD. (2013). The Tweet Seen Around The World. Mayo 6, 2013, de N/A Sitio web: https://mbfxc.wordpress.com/2013/11/01/the-tweet-seen-around-the-world/
10. Curran Dee. (2016). Around the World With Curran . 2019, de N/A Sitio web: http://aroundtheworldwithcurran.blogspot.com/
11. "How to Write a Quality Comment! - You Tube" 9 Oct, 2010, https://www.youtube.com/watch?v=UDVSw54VU1A Acceso Mayo 7 2019.

12. "Comments4Kids" 20 Feb, 2016, http://comments4kids.blogspot.com/. Acceso Mayo 7, 2019.
13. "Connected from the Start - Primary Preoccupation -Kathy Casidy" http://kathycassidy.com/2019/02/05/connected-from-the-start-is-now-free/ Acceso Mayo 7, 2019
14. "Around the World with Curran: Animals in the Rainforest". Mayo 28, 2014, http://aroundtheworldwithcurran.blogspot.com/2014/05/animals-in-rainforest.html Acceso Mayo 7, 2019
15. "Total Trust" - Marialice B.F.X. Curran -WordPress.com" https://mbfxc.wordpress.com/2011/08/27/total-trust/ Acesso Mayo 7, 2019
16. DigCitSummit, se refiere a la Cumbre de Ciudadanía Digital. Por sus significado en inglés, las abreviaturas Dig, Digital, Cit, Citizenship. https://www.digcitinstitute.com/summit.html Acceso Mayo 9, 2019
17. "Timmy Sullivan #GreenNewDeal (@TimmySull1van) Twitter https://twitter.com/timmysull1van Acceso Mayo 9, 2019
18. "Historia de Tyler Clementi- Fundación Tyler Clementi". https://tylerclementi.org/tylers-story/ Acceso Mayo 9, 2019.
19. Dinosaurios y Tiaras, enfrentando la intolerancia. "Dinosaurs and Tiaras: Facing Intolerance Marialice B.F.X. Curran" 27 de abril 2011, Dinosaurs and Tiaras: Facing Intolerance https://mbfxc.wordpress.com/2011/04/27/dinosaurs-or-tiaras-facing-intolerance/ Acceso Julio 10, 2019.
20. Proyecto de Skype y Twitter para estudiantes de Preparatoria "High School Skype and Twitter Project Request, May 13, 2011 https://mbfxc.wordpress.com/2011/05/13/high-school-skype-and-twitter-project-request/ Acceso Mayo 9, 2019
21. "#iCit21 - YouTube, 9 de Febrero 2012 https://www.youtube.com/watch?v=vgmZLXQLNPQ Acceso Mayo 9, 2019
22. Primer Encuentro de iCiudadanos de Town Hall "CT-N: iCitizenship Town Hall Meeting on Bullying at St. Joseph College" https://ct-n.com/ctnplayer.asp?odID=7450 Acceso Mayo 9, 2019
23. Cumbre de Ciudadanía Digital en Nigeria, archivos del evento en: http://www.digcitinstitute.com/digcitsummitng127475127468.html Acesso Julio 10, 2019
24. Lectura en Voz Alta Alrededor del Mundo "The Global Read Aloud" https://theglobalreadaloud.com/ Acceso Mayo 9, 2019
25. Sesiones realizadas a través de Skype donde los alumnos en el salón de clase y guiados por los maestros en diferentes partes del mundo se conectan para aprender sobre algún tema en particular
26. "Marialice B.F.X. Curran, Ph.D. on Twitter: "Absolutely! When ...." 13 Nov. 2018, http://twitter.com/mbfxc/status/1062367544504475649. Acceso Mayo 14, 2019.
27. "Lessons Learned Going Device Free #digcit | - Marialice B.F.X. Curran." https://mbfxc.wordpress.com/2016/06/06/lessons-learned-going-device-free-digcit/. Acceso 14 mayo. 2019.
28. My Wish: Digital Access For All Students Everywhere
    (2016, Mayo 26). Acceso Julio 10, 2019, from https://www.youtube.com/watch?v=dJjR8GWXXKA
29. "Digital Government Strategy | US Department of Transportation." 3 Aug. 2018, https://www.transportation.gov/digitalstrategy. Acceso Julio 11, 2019.
30. "December is DigCitKids Approved #digcit4kidsbykids #bethatKINDofkid." 2 Dec. 2017, https://medium.com/@digcitkids/december-is-digcitkids-approved-digcit4kidsbykids-bethatkindofkid-ab99e57f534a. Acceso Mayo 14, 2019.
31. "Learning Together: DigCitKids & Cyber Seniors | #DigCitUtah." https://digcitutah.com/digcitkids-cyber-seniors-learning-together/. Acceso Mayo 14, 2019.

32. The Speaking Exchange Project. El Proyecto de Intercambio del Habla. https://www.youtube.com/watch?v=-S-5EfwpFOk
33. https://www.digcitinstitute.com/
34. Se refiere a la designación utilizada en los sistemas educativos para referirse a los años escolares desde jardín de niños (K), hasta el último grado (12).
35. https://www.youtube.com/watch?time_continue=1&v=HF-a-UmoRt4
36. https://docs.google.com/presentation/d/1xHWwn0Cp_Ab22WF8E1B0KJep7Lk-Y0Ns4yEsDyQPTLVI/edit#slide=id.g46819e7cc5_0_93
37. https://docs.google.com/presentation/d/1DIX2qd-RbZPk1_XnngswNLLyBLZ4Jx-y44lNmQAsEWHo/edit#slide=id.g255aee7188_0_6
38. Libre de Bolsas de Plástico los Pantanos de Houston. "Petición · Mayor Sylvester Turner and City Council of Houston: Bag ...." https://www.change.org/p/mayor-sylvester-turner-and-city-council-of-houston-bag-free-bayous-houston. Acceso 15 Dic. 2018.

CAPÍTULO DOS
PADRES Y MADRES CONECTADES

María Zabala, España
iWomanish[1]

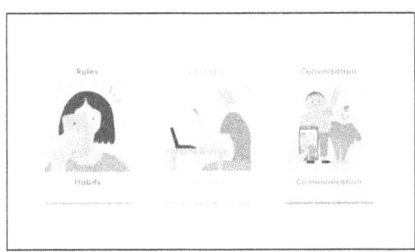

INTERNET HA CAMBIADO el Mundo y la manera en que hacemos casi todo. Sería ingenuo pensar que su llegada no cambiaría también la forma de vivir en familia, de educar, de crecer.

Los adultos vivimos rodeados de la posibilidad constante de conexión, de información fácil y rápidamente disponible, de experiencias inmediatas. Los niños y adolescentes, también. La diferencia entre unos y otros recae en la perspectiva –nosotros recordamos cómo eran las cosas antes– y las fronteras –los adultos tendemos a diferenciar la vida online de la vida offline. En ambos sentidos, el que se refiere a recordar el pasado y el que se refiere a diferenciar dimensiones, las nuevas generaciones crean su propia experiencia. Juegan, se expresan, aprenden, se comunican y relacionan incorporando de manera natural los dispositivos y la conectividad; tienen una predisposición positiva hacia la tecnología, no tienen miedo, sienten curiosidad, pero no necesariamente saben lo que hacen. No nacen con experiencia en ser pacientes, ejercer el autocontrol, obedecer, tomar decisiones. Somos NOSOTROS quienes se supone debemos enseñarles.

Solemos ser precisamente los padres y las madres los que le abrimos a la tecnología la puerta hacia la vida de los niños, tal como sucede con los alimentos, los juguetes, los planes, la elección de colegio o los campamentos. Precisamente porque somos nosotros los que inauguramos la vida digital de nuestros hijos, es nuestra responsabilidad guiarles desde el principio para que vayan adquiriendo conciencia de su vida conectada.

Ser padres y madres conectados significa incluir el mundo digital en el resto de la educación que damos a nuestros hijos. No se trata de ser expertos en informática ni obsesos del control parental, tampoco se trata solo de impulsar los conocimientos tecnológicos de las nuevas generaciones, **sino fundamentalmente de entender el mundo que nos rodea y educar a personas responsables, creativas, saludables y, en la medida de lo posible, felices.**

La opinión pública vive en **permanente batalla** de mensajes, con titulares centrados en el tiempo de pantalla, los problemas de abuso de uso o adicción, la descripción de generaciones perdidas, mentes distraídas, padres sobreprotectores, ausencia de comunicación cara a cara, peligros de la web, ciberacoso y grooming, descargas ilegales o peligrosas, empeoramiento del aprendizaje, demasiada libertad, odio y violencia, pornografía… Nos rodean las noticias sobre todos estos riesgos, al tiempo que nos bombardean con la importancia de las aulas conectadas, la tecnología educativa, la necesidad de futuros talentos STEM, la inteligencia digital. En este contexto, **los padres y las madres reaccionan con miedo –prohibiendo la tecnología- o con resignación –dejándoles hacer y confiando en que todo vaya bien.**

PANTALLAS, CUCHILLOS, EDUCACIÓN

Más allá de las pantallas, los datos nos dicen[2] que las armas blancas –cuchillos- son las mayores responsables de muertes cada año en Estados Unidos, más incluso que las armas de fuego. Sin embargo, no vaciamos nuestras casas de cuchillos; son herramientas que forman parte de nuestra vida y las utilizamos de manera natural en la educación de nuestros hijos. Como con la mayoría de cosas, el acceso, la intención y el propósito son la clave. Los padres somos la puerta a través de la cual los niños acceden a casi todo, la ventana que les permite entender una intención de uso y un propósito.

En el caso de los cuchillos, los empezamos comprando pequeños, de plástico, de colores… para que los niños se familiaricen con su uso sin peligro. Después empezamos a permitirles usar cuchillos normales, hasta que incluso los dejamos cortar con cuchillos de mayor tamaño, cuando vemos que están preparados para hacerlo. Si un día se cortan, curamos la herida y les recordamos lo importante que es prestar atención mientras rebanan algo con un artículo punzocortante. A lo largo de muchos años en los que el empleo del cuchillo forma parte natural de la educación, les hablamos sobre cómo utilizar los cubiertos en la mesa, cómo hay quienes utilizan el cuchillo para hacer daño a los demás, lo poco que sirve un cuchillo a la hora de tomar una sopa... No nos centramos en el *qué*, sino en el *cuándo*, el *cómo*, el *para qué*.

Hacer todo esto nos resulta sencillo porque nos sentimos seguros y cómodos, porque nos enseñaron a nosotros cuando éramos pequeños. Así que no tenemos dudas. Los cuchillos existen, se pueden utilizar bien o mal, pueden servir a distintas utilidades en función de la persona, el momento o la necesidad. Así que EDUCAMOS a nuestros hijos para que aprendan a utilizarlos.

Con el resto de la vida cotidiana sucede algo similar. Empezamos con abrir un acceso gradual sobre el que intervenimos, para después otorgar más autonomía. Primero controlamos, después guiamos. Nos implicamos en la vida de nuestros hijos. Organizamos citas con amigos, vistas al museo, clases de música. Les animamos en deporte, les preguntamos por sus amigos. No les compramos todo lo que piden, no les dejamos ir solos por la calle a cualquier edad. Y cuando van aprendiendo, seguimos pendientes para ver cómo se desenvuelven. A veces decimos NO, a veces SÍ. A lo largo de la infancia y adolescencia de nuestros hijos, somos expertos a la hora de advertir primero, aconsejar después, confiar finalmente.

¿Por qué es tan complicado normalizar la tecnología y hacer lo mismo con el crecimiento digital de nuestros hijos?

Debemos reflexionar sobre el tipo de relación que queremos que tenga nuestra familia con el mundo digital. Pensar en qué nos preocupa, para abordar esas preocupaciones. Es necesario saber por qué quieren utilizar pantallas nuestros hijos, para decidir nosotros de qué manera van a hacerlo. Necesitamos entender las amenazas y también las oportunidades, hablar sobre ambas cosas en familia; aprender juntos sobre el mundo en que vivimos, normalizar la tecnología como parte de nuestra realidad, incorporándola a la vida familiar de nuestros hijos de manera coherente, con consistencia y perseverancia.

Ser padres conectados significa poner **reglas** y marcar límites –como con la alimentación, la higiene, los deberes- para inculcar **hábitos** positivos; dar **ejemplo** para que pueda haber **equilibrio** en el tiempo que dedicamos a cada cosa; hablar, escuchar, **dialogar** –sobre el día a día, lo bueno, lo malo, los amigos, los problemas… y la vida digital-, para que pueda haber una comunicación real que genere impacto.

Si aprendemos y enseñamos a elegir qué hacemos y por qué; si nos acostumbramos a elegir los contenidos adecuados para cada edad y carácter; si buscamos un equilibrio entre ocio con pantallas y sin ellas, o aprovechamos las pantallas para impulsar buenos hábitos en la vida analógica, iremos por buen camino. Es fundamental entender cómo son nuestros hijos en el colegio para anticipar cómo serán en redes sociales. Es fundamental que ellos entiendan qué significa controlarse, esperar, pensar, respetar, compartir, aprender a hacer cosas nuevas para convertirse en personas interesantes que hagan cosas interesantes. Se trata de ser padres y madres presentes, que acompañen, también en lo digital. Se trata de ayudar a nuestros hijos a construir quiénes son y cómo se expresan, enseñarles a tomar decisiones y hacerse responsables de su comportamiento. Se trata de educar a personas inteligentes que puedan vivir en un mundo que va a estar tremendamente marcado por la tecnología. Para eso necesitamos que crezcan interiorizando qué significa convivir con tecnología.

La familia es la primera trinchera de la educación digital, es nuestra responsabilidad impulsar buenos hábitos digitales y una conducta digital responsable. En lugar de sólo centrarnos en miedo, pánico y problemas, deberíamos aprovechar la oportunidad para conectar con nuestros hijos, en familia, para después ayudarles a conectar con el mundo.

¿Cómo convertimos toda esta teoría en una oportunidad real y cotidiana para guiar a las nuevas generaciones?

Tengo tres hijos, un adolescente, una preadolescente y un niño pequeño. Son muy distintos en personalidad y aficiones, algo que naturalmente se refleja en cómo desarrollan su relación con la tecnología. No puedo ser la misma mentora digital para los tres, así que me he convertido en una especie de oráculo de conversaciones sobre tecnología.

Cuando mi hijo mayor empezó a pedirme tener su propio teléfono móvil, hablamos mucho sobre por qué lo que quería o por qué pensaba que un smartphone haría su vida mejor. Hablamos mucho sobre no tener siempre que hacer *lo que hacen todos*, sobre maneras de utilizar un móvil, sobre contraseñas o ciberseguridad. Más que de peligros, hablamos mucho sobre oportunidades. Y así ha sido desde entonces. Hemos charlado sobre redes sociales y vidas que parecen perfectas, sobre descargas seguras y descargas ilegales, sobre darnos cuenta de cómo prestamos atención a las cosas. Fue él quien decidió *descansar* de Fortnite, porque se daba cuenta de que no podía parar de jugar y es él quien busca información online sobre edición de videos con Adobe, creación de guiones o composición musical con Garage Band, porque quiere dedicarse al cine.

Cuando mi hija preadolescente me pide poder usar una app que se ha hecho popular en su clase, o tener cuenta en Instagram, hablamos sobre qué significa *un momento para cada cosa* o le explico qué me gusta o me preocupa sobre eso que me solicita. Solemos hablar sobre cómo se percibe a las mujeres en el mundo analógico y en el digital, sobre por qué no hay más chicas en Silicon Valley o sobre cuáles son los mejores tutoriales para aprender a hacer cosas que nos gustan a las dos. Sabe programar con Scratch y es una experta en crear contraseñas complicadas. De mis tres hijos, es quien mejor entiende la diferencia entre privacidad e intimidad.

Cuando mi hijo pequeño no es capaz de apagar Netflix, hablamos sobre cómo reparte su tiempo de ocio y cuánto tiempo le queda para hacer otras cosas que también le gustan. Cuando me dice que quiere ser youtuber, hablamos sobre la fama o los resultados del esfuerzo o de la casualidad, buscamos canales atractivos e inspiración para aprender más y más cosas. Le gusta mucho dibujar, lo hace con papel y lápiz y con la tablet. Juega a Minecraft, con la consola, con bloques de construcción y en el patio del colegio, con sus amigos. Trato de fomentar sus aficiones en las dos dimensiones, la offline y la online.

Personalmente, creo que potenciar un acceso gradual de mis hijos a la tecnología es lo que mejor me funciona. Si mis hijos sienten que estoy disponible para hablar con ellos y escucharles en todo lo que tiene que ver con su vida digital, el diálogo existe y me permite ayudarles a entender la diferencia entre *lo que hacen todos* y lo que *cada uno puede hacer*. Cada conversación es una oportunidad para disfrutar juntos, aprender juntos y construir una relación saludable de toda la familia con la tecnología.

Ese uso conjunto del mundo digital de forma responsable, segura, positiva y creativa es lo que yo entiendo por educar a ciudadanos digitales.

> *No olvidemos los niños que fuimos y de alguna manera seguimos llevando dentro, sólo así podremos ser los padres que necesitan nuestros hijos... Hoy.*

Maria Zabala es periodista y madre de tres hij@s. Escribe acerca de la familia y tecnología, cultura digital y alfabetización de medios. Como promotora de la educación en ciudadanía digital, colabora con escuelas, empresas e instituciones públicas.

Conecta con María en @iWomanish, para continuar aprendiendo con ella.

---

1. https://www.iwomanish.com/
2. "According to the FBI, Knives Kill Far More People ... - The Daily Caller." 19 Feb. 2018, https://dailycaller.com/2018/02/19/knives-gun-control-fbi-statistics/. Acceso Junio 25, 2019

CAPÍTULO TRES
LA GRAN FAMILIA DIGITAL HINDÚ

Jyoti Chopra, India
ODS para niños[1]

Al igual que muchos jóvenes adolescentes, Ayush disfruta enormemente relajarse, jugar squash, navegar en la web, enviar textos, platicar por chat, compartir información, entre otras actividades. A diferencia de sus compañeros, también es conferencista internacional, reconocido por su participación con niños en causas sociales y la promoción de Objetivos de Desarrollo Sustentable (ODS) establecidos por las Naciones Unidas (NU).

Ayush colabora junto a su madre, Jyoti Chopra, quien trabaja como Directora de Tecnologías de la Información (TI), encabezando la transformación digital en una compañía de ventas directas en India.

"Considero con firmeza que no debemos resistirnos al cambio que el mundo cibernético y las redes sociales han traído a nuestra vida cotidiana. La necesidad es canalizar este cambio tecnológico en la dirección correcta para guiarlo hacia un bien mayor", estas palabras salen de Jyoti, al mismo tiempo que muestra una entrañable y perpetua sonrisa.

Jyoti agrega que no hay mayor opción que aceptar o rechazar esta metamorfosis, lo que necesitamos es adaptarnos a los vientos de variaciones que hoy soplan a través del mundo digital.

Ayush es el fundador de Objetivos de Desarrollo Sostenible para Niños (@SDGsForChildren), una comunidad en Twitter que fomenta la idea de llevar la ciudadanía digital de estudiantes para estudiantes. A los 14 años de edad, este joven fundó esta plataforma, donde ayuda a los niños a desarrollar las habilidades necesarias y encontrar su voz, a la vez que luchan por un mundo más justo y equitativo. Escuelas y niños alrededor del mundo ahora son parte de esta comunidad, la cual también tiene ahora su propio sitio web: www.SDGsForChildren.org.

Ayush es el Embajador en India, para el proyecto TeachSDGs, (enseña ODS, por su significado en inglés), iniciado por la Fuerza de Trabajo Educativa de Objetivos Globales, donde trabaja con un grupo de alrededor de 100 distinguidos educadores internacionales y comparte su perspectiva e ideas en ciudadanía digital, redes sociales y uso de la tecnología. Se conecta con educadores internacionales y contribuye a alcanzar Objetivos de Desarrollo Sostenible. Es miembro activo del Comité de Comunicación de TeachSDGs. Ha escrito un libro -aún en etapa de publicación- en donde recolecta sus experiencias, iniciativas e intensa participación en la protección y promoción de los derechos humanos.

Ayush no percibe los medios digitales como una distracción de sus estudios o de otros parámetros de desarrollo. Para él, la tecnología digital en constante evolución, lejos de representar una barrera, es una gran ayuda, en los salones de clase así como en los hogares. Sus iniciativas involucran la determinación de objetivos específicos, la obtención de retroalimentación inmediata, así como el involucramiento de los internautas de manera constructiva en las plataformas de medios digitales en todos los husos horarios.

Ayush es una inspiración que muestra a los niños que tienen una voz y que quieren ser escuchados. Su pasión por la ciudadanía digital motiva a los estudiantes a reflexionar en la toma de decisiones y la manera en que pueden ayudar al mundo, incluso desde edades muy tempranas. Su hogar se ha vuelto el vivo ejemplo de cómo una familia puede utilizar la tecnología para ser ciudadanos socialmente responsables, quienes pueden navegar en el mundo digital para resolver los problemas del mundo real.

Un ejemplo de ello es la historia de Khushi, de siete años de edad, hija de un lavandero en la sociedad residencial donde vive Ayush, quien no podía calcular el número de prendas de vestir que se le asignaban para planchar, debido a que era analfabeta. Cuando Ayush compartió la difícil situación de esta niña con su madre, ella lo alentó a que le enseñara Matemáticas de manera eventual, hasta que consiguieron que fuera admitida en la escuela. El chico además produjo un documental titulado *Aaj Main Aasha Bo Aayi* (*Planting the Seeds of Hope*, traducido al Inglés; *Sembrando las semillas de la esperanza*, por su traducción al Español),[2] relacionado con el caso de Khushi, y lo subió a YouTube, lo cual generó empatía por las víctimas de infancia perdida a nivel mundial. Este incidente marcó el comienzo del camino de Ayush, *"sembrando semillas de esperanza"*, creando igualdad de oportunidades para todos los habitantes del mundo.

Los esfuerzos del voluntariado realizado por Ayush fueron reconocidos cuando representó a su país natal en la XIV Cumbre Internacional de Jóvenes por los Derechos Humanos, celebrada en la sede de las Naciones Unidas, en la ciudad de Nueva York, en agosto de 2017. Ahí habló sobre la urgencia de poner fin a todas las formas de violación de los derechos humanos; el asesinato de inocentes, y la injusticia y la explotación de la humanidad deprimida, que aún se difunden en muchas partes del mundo. Su discurso recibió una ovación de pie por parte de los dignatarios y delegados que asistieron de todas partes del mundo.

Ayush modela formas proactivas, socialmente apropiadas y responsables, que los ciudadanos pueden usar para hacer del mundo un lugar mejor. Alienta y apoya a sus compañeros a usar herramientas tecnológicas para obtener un resultado positivo, es decir, para ser buenos ciudadanos digitales.

SDGsForChildren, destaca las increíbles capacidades que la tecnología puede tener en nuestra sociedad cuando se trata de ayudar y mejorar la vida de los demás. Esta comunidad incluye escuelas y niños de todo el mundo que hacen un uso innovador de varias herramientas digitales como plataformas de redes sociales, blogs, Skype, Flipgrid, Buncee, Skype, Padlet, entre otras, para crear un impacto social significativo mediante la ejecución de varias campañas, como las siguientes:

- *#HumanRightsAndSDGs*[3]: Campaña dirigida a crear conciencia acerca de los derechos humanos en la mayor cantidad de idiomas posible; los estudiantes son alentados a diseñar y compartir carteles de manera creativa sobre cualquiera de los 17 ODS de las Naciones Unidas.
- *#SDGsGreenCampaign*[4]: Bajo esta campaña de protección ambiental, los niños se comprometen a compartir y promover conciencia acerca del Día de la Tierra. Incluye encuestas en línea sobre temas socialmente significativos, por ejemplo, las maneras en que los niños pueden contribuir a salvar el medio ambiente, compartiendo un blog, fotografía o video, o cualquier cosa que ellos consideren que puede hacer de la Tierra un planeta más sustentable.
- *#KeepTheHopeAlive*[5]: Esta campaña subraya la idea de que los niños nunca son tan pequeños para actuar como catalizadores del cambio en el Mundo.

- *#1MinuteWithSDGs*[6]: Bajo esta campaña, los estudiantes presentan en Youtube un video de un minuto sobre cualquiera de los 17 ODS.
- *#SDGsPosters*[7]: Es una campaña de sensibilización acerca de los derechos humanos, en la que los estudiantes presentan sus carteles sobre problemáticas sociales, como la lucha contra el bullying y la discriminación racial.
- *#SDGsStories*[8]: Esta campaña pide a los estudiantes presentar cortometrajes acerca de diferentes problemáticas sociales.

Además de contar con el apoyo de su madre, Ayush cuenta también con el apoyo de su hermana menor, Ananya, una estudiante de 10 años de edad, usuaria responsable y consciente de los medios digitales, difusora de la necesidad de asegurar los derechos humanos elementales para todos los ciudadanos. Ella muestra ingenuidad e innovación en el uso de redes sociales para destacar causas sociales que deben terminar de dañar a la humanidad, tales como la discriminación, la pobreza, la explotación, la injusticia y las amenazas al medio ambiente.

Junto a su emprendedora y proactiva madre, Ayush es miembro del blog www.wizardayush.com.

"Nuestro equipo es defensor y promotor del acceso digital y las oportunidades de aprendizaje conectivo para todos, en todas partes, incluyendo los hogares", menciona Ayush, con una gran sonrisa.

La humanidad necesita más niños como Ayush y Ananya, dotados con cualidades de innovación y liderazgo, para hacer un mundo mejor y más positivo para todos.

La familia Chopra, comprometida a modelar las ODS, ha demostrado que cuando se es apasionado en crear un cambio, se necesita aprender con el Mundo, así como que la tecnología es el medio óptimo para que esto ocurra de una manera compasiva y amable. Jyoti, Ayush y Ananya, han abierto nuevas formas de inspirar a los estudiantes a adoptar la perspectiva de la ciudadanía digital o *"sociedad global"* bajo el verdadero espíritu de *Vasudhaiva Kutumbakam* (el mundo es una sola familia).

• • •

Jyoti Chopra, así como sus hijos Ayush y Ananya, son una familia conectada que conforma un equipo que fomenta la ciudadanía digital y promueve el uso seguro y socialmente responsable de Internet, incluyendo las redes sociales. Juntos personifican una exitosa asociación entre padres e hijos en el uso de los medios y las herramientas digitales para convertir a los internautas en ciudadanos responsables, colaborativos, globales y apasionados por los ODS.

Connecta con @jyoti1013, @Ayushchopra24, @WonderAnanya, y @SDGsForChildren, para continuar aprendiendo junto a este equipo de madre e hijos.

---

1. "SDG teaching tools & child-friendly materials | The 2030 Agenda for ...." https://www.unicef.org/agenda2030/69525_82235.html. Acceso mayo 16, 2019
2. https://www.youtube.com/watch?v=fy5We4La11c
3. Traducción del hashtag: Derechos Humanos y Objetivos de Desarrollo Sostenible, link en Twitter https://twitter.com/search?q=%23HumanRightsAndSDGs Acceso Mayo 17, 2019
4. Traducción del hashtag: Campaña ecológica de Objetivos de Desarrollo Sostenible, link en Twitter: https://twitter.com/search?q=%23SDGsGreenCampaign%20&src=typd Acceso Mayo 17, 2019
5. Traducción del hashtag: Mantén Viva la Esperanza, link en Twitter: https://twitter.com/search?q=%23KeepTheHopeAlive&src=typd Acceso Mayo 17, 2019.
6. Traducción del hashtag: Un minuto con Objetivos de Desarrollo Sostenible, link en Twitter: https://twitter.com/search?q=%231MinuteWithSDGs&src=typd
7. Traducción del hashtag: Carteles para promover Objetivos de Desarrollo Sostenible, link https://www.sdgsforchildren.org/awareness-campaign-through-poster.php Acceso, Mayo 17, 2019
8. Traducción del hashtag: Historias sobre Objetivos de Desarrollo Sostenible, link en Twitter https://twitter.com/search?q=%23SDGsStories&src=typd Acceso Mayo 17, 2019.

CAPÍTULO CUATRO
CIUDADANÍA DIGITAL ES CIUDADANÍA GLOBAL

Mary Jalland, Escocia
El Blog de Clase de la Maestra Jalland[1]
Enseñanza de la Ciudadanía Global Utilizando Redes Sociales y un Elefante[2]

DESARROLLAR un sentido de pertenencia al mundo, una identidad genuina de ciudadanía global y empatía hacia las personas de diferentes culturas, puede parecer una hazaña imposible cuando se educa a niños pequeños, algunos de los cuales nunca han salido o incluso no saldrán de su pequeño país. La conclusión es que la mayoría de los niños no son lo suficientemente afortunados para viajar por el mundo, y aquellos que lleguen a viajar, tal vez no saldrán más allá de los confines de un aeropuerto o un complejo vacacional. Sin embargo, incorporando ciudadanía digital en mi práctica diaria como maestra me ha ayudado a descubrir que la ciudadanía global encaja perfectamente, sea parte importante o no del programa curricular. Una enseñanza de calidad acerca de lo increíble que es el mundo y lo que nos ofrece, así como enseñar acerca de nuestro lugar de origen, puede llevarse a cabo sin salir del salón de clases.

A través de nuestros teléfonos y computadoras tenemos a nuestro alcance maneras para conectarnos de manera global. Sin embargo, también existe una enorme ignorancia y odio hacia las diferentes culturas, que se hace evidente a través de estas plataformas. Considero que enseñar a los niños a ser ciudadanos digitales responsables, a su vez los convertirá en buenos ciudadanos globales a medida que aprenden a comunicarse de manera efectiva y construyen relaciones positivas con personas alrededor del mundo. Necesitamos comenzar con ello desde que son pequeños; en estas líneas compartiré cómo he llevado a cabo esta tarea con mis alumnos de cuatro y cinco años de edad.

TODO COMENZÓ CON UN ELEFANTE DE JUGUETE

Mientras discutíamos en clase las aspiraciones que tienen mis alumnos para el futuro, se hizo cada vez más evidente que la mayoría de ellos desconocían lo que el mundo tiene para ofrecerles más allá de su comunidad local. Quería abrirles los ojos hacia el futuro y mostrarles que existen carreras que pueden marcar una diferencia en este planeta, hacerles entender lo que es la vida para los niños en todo el mundo, así como inculcarles el respeto y la empatía. En clase tenemos tres mascotas, tres elefantes de juguete llamados Ellie, Blue Ellie y Granny, los cuales pasan sus fines de semana con los niños, quienes, ya sea de forma escrita o a través de Twitter, comparten sus aventuras. Leer las aventuras de Ellie, es algo que realmente atrae y capta la atención de los niños, así que decidimos en conjunto enviar a Ellie a un lugar más lejano.

Desconocía el impacto que esto tendría, todo se lo debo a la persona que nos ayudó en nuestra aventura con mucho entusiasmo. La Dra. Janet Scott, especialista en enfermedades infecciosas, se llevó uno de nuestros elefantes a un lugar donde se enfrentaba una gran crisis. Blue Ellie viajó junto con ella a Sierra Leona y Liberia, para combatir el ébola.

Se podría decir que enseñar a niños de cuatro años de edad sobre este tema podría asustarlos, y que no tienen la suficiente edad para entender un evento tan devastante, pero puedo afirmar de primera mano que el entendimiento y la empatía que mostraron estos niños fue impresionante.

La Dra. Scott enviaba a través de su cuenta de Twitter fotografías de las rutinas de higiene rigurosas que llevaban a cabo el personal médico y la comunidad, además de los diferentes profesionales en la salud que en conjunto trabajaron para combatir el ébola, así como sobrevivientes de dicha enfermedad. En clase, compartía todo esto con los niños, quienes asombrados hacían sus preguntas; las publicamos en Twitter, de esta manera hubo un diálogo continuo para extender su aprendizaje. Los niños aprendieron sobre las causas y la naturaleza de las enfermedades infecciosas, compartían en clase experiencias propias de enfermedades que incluso ellos mismos padecieron. Además, como punto extra, aprendieron sobre los diferentes tipos de temperatura que hay en diferentes países, su comida y comunidades locales.

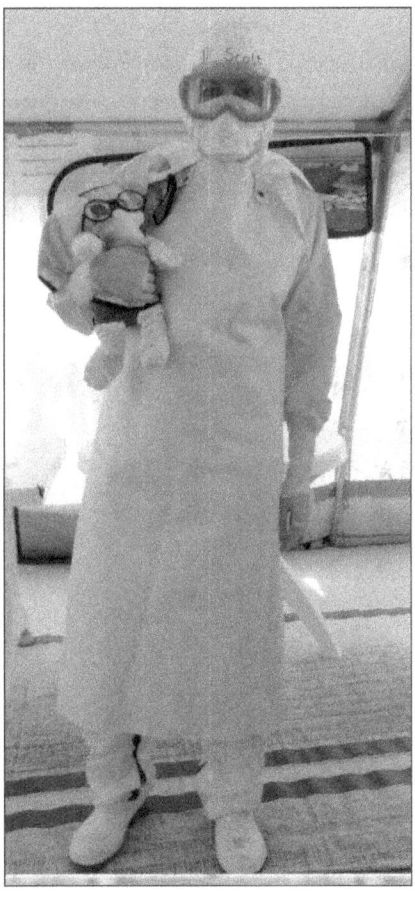

Las experiencias de aprendizaje de gran calidad no pararon ahí. A través de esos tweets, investigadores científicos y personal médico de diferentes partes del mundo comenzaron a seguir nuestra clase, así que todas las preguntas eran respondidas, y por lo tanto, surgieron nuevas. Los niños obtuvieron retroalimentación para sus reportes de Ciencia y experimentos provenientes de científicos reales, lo cual sirvió de inspiración para ellos. De pronto, los niños que anteriormente tenían pocas aspiraciones querían ahora convertirse en profesionales médicos y científicos. El impacto fue aún más allá de nuestro salón de clases. Había otras escuelas y aulas que nos seguían de cerca, así como padres de familia interesados, quienes también monitoreaban la historia del ébola en las noticias. Al regresar al reino Unido, la Dra. Scott y Blue Ellie visitaron nuestro salón de clases, lo cual fue lo más destacado del año escolar. Las conexiones que se hicieron con los científicos a través de este proyecto llevaron además a aprender sobre notables investigadores científicos y los niños se convirtieron en embajadores del movimiento #whydoresearch[3]. Los niños estaban tan inspirados por todo esto que pasó a ser su tema para la asamblea de fin de cursos.

Puedes ver nuestro video aquí[4].

Una de las maravillas de las redes sociales es que a través de las interconexiones profesionales, surgen mayores oportunidades. Las conexiones realizadas con la comunidad médica condujo a los niños a preguntarse cómo podrían salvar vidas, lo que me llevó a enseñarles a aplicar la Respiración Cardio Pulmonar (RCP). Los medios digitales hicieron todo esto posible. Primero utilicé YouTube para aprender esta habilidad. A su vez, los niños decidieron hacer su propio video en YouTube para enseñarles a otras personas. A los pocos días de publicar este material, comenzamos a recibir mensajes de personas de todo Europa, e incluso fue compartido en algunas conferencias médicas. Esto llevó a nuestra escuela a realizar videos profesionales en conjunto con Salva una Vida por Escocia, para posteriormente ser utilizados en un paquete de entrenamiento. Los niños no se detuvieron ahí. Continuaron y primeramente enseñaron a todos en la escuela. Después, sus padres asistieron para aprender. Posteriormente, a través de Twitter, realizaron un reto, y fue entonces que personas alrededor del Mundo querían aprender a salvar vidas utilizando RCP. Todo esto derivó de un momento de aprendizaje en el salón de clases. Estos niños marcaron la diferencia, y continúan haciéndolo.

Puedes ver el reto de RCP de Ellie en este vínculo. Únete[5].

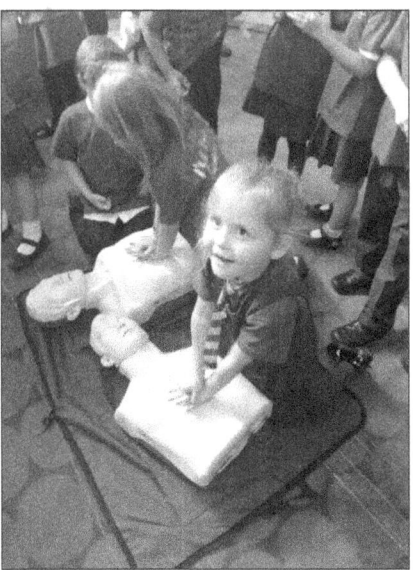

Espero puedas vislumbrar a través de este proyecto el valor que tienen las redes sociales para enseñar a los niños ciudadanía global. Con ello, la ciudadanía digital responsable siempre fue moldeada, así que con trabajo continuo, espero que la etiqueta digital sea un aprendizaje sólido para el momento en que estos niños utilicen redes sociales por sí mismos. Las redes sociales no son solamente un lugar donde las personas expresan su ignorancia, sino un lugar lleno de oportunidades para aprender acerca del mundo con el mundo, un lugar para compartir la bondad, un lugar para inspirar a las personas a llevar a cabo grandes acciones sociales.

Desde la misión inicial del proyecto del ébola, nuestros elefantes han viajado por el mundo, compartiendo a través de Twitter los lugares que visitan y sus experiencias de trabajo. Han estado en los Estados Unidos, Canadá, Dubai, Alemania, Francia, Afganistán, India, China, entre otros lugares. Ellos se han convertido en historiadores, pilotos, doctores, dentistas, estilistas, políticos, personal de limpieza, concejales y más.

A través de conexiones realizadas en África Occidental, Blue Ellie recibió una llamada para unirse al puesto del Ejército Británico en Afganistán. Debo admitir que lo pensé más de una vez. ¿No era ir demasiado lejos con esta misión? ¿Cómo exponer a los niños de cuatro años? Después de pensarlo mucho, sabiendo que yo tendría el control de los tweets antes de compartirlos con los niños, decidí llevarlo a cabo. Después de todo, los niños me habían sorprendido con su entendimiento sobre la crisis del ébola. Y una vez más, los niños estuvieron a la altura de la ocasión.

En Afghanistan, Blue Ellie fue fotografiada con soldados de la policía afgana, entrenados para ayudar a los civiles y mantenerlos a salvo de la problemática que ocurría. A través de los tweets, fuimos testigos de cómo un niño pequeño fue rescatado de una mezquita que estaba bajo ataque. Los niños además aprendieron sobre la cultura, la religión, los deportes, la temperatura ambiental y la vida salvaje en Afganistán. Todo esto fue traído a nuestro salón de clases a través de Twitter. Aprender de esta manera, en lugar de a través de instrucción directa y libros de texto, significa que el aprendizaje no sólo se vuelve más relevante, sino que además abre un mundo de hechos intrigantes para todos. El buzkashi, deporte nacional de agarrar cabras, resultó una gema de información que inspiró a los niños a inventar su propio juego de *"Agarrar al elefante"*. ¿Quién iba a pensar que una materia tan difícil de enseñar daría cabida a tanta diversión, empatía y entendimiento? Una vez más, no se trataba solamente del aprendizaje de los niños, sino también de los adultos. Utilizar las redes sociales para aprender, nos ayuda a aprender juntos.

Visita nuestro portafolio de las aventuras en Afganistán, aquí[6].

A través de todas las aventuras con estos elefantes y haciendo conexiones vía Skype, tenemos el mundo en nuestro salón de clases. Es tal el impacto que los niños en uno de mis salones de clase comenzó a referirse al pizarrón blanco interactivo como *"nuestra ventana al Mundo"*. Esta frase sin duda es una descripción muy exacta de cómo lo utilizamos. A través de esta ventana, los niños han visto tanto y se han conectado con otros niños alrededor del mundo. Además, han tomado conciencia sobre las dificultades que enfrentan millones de personas menos afortunadas que ellos. Internet ha revolucionado la educación, podemos investigar y responder a las curiosidades de nuestros alumnos de manera inmediata.

Las experiencias diarias también pueden apoyar al aprendizaje; este año, por ejemplo, conversábamos sobre cuántas veces al día son necesarias ir al baño, de ahí surgió la inquietud y aprendimos con la ayuda de internet sobre el impacto en las comunidades alrededor del mundo que no tienen baños al alcance ni agua limpia en casa. Esto llevó a los niños a recolectar dinero para construir cuatro baños en comunidades necesitadas en Nepal, Malawi, Liberia y Afganistán. Es así como internet puede ampliar la voz de los estudiantes y la razón por la que integrar la ciudadanía digital enriquece no solo la educación de los niños, sino también la nuestra. Aprender acerca del mundo con el mundo es el camino a seguir.

Aquí te mostramos una gran cantidad de videos que hemos hecho sobre Ciudadanía Global, ¡que los disfrutes[7]!

> *No importa la edad que tengas, donde vivas, o el lenguaje que hables, todos podemos hacer la diferencia.*

Mary Jalland es una maestra de Educación Primaria en Escocia, quien tiene especial interés en utilizar las redes sociales para reforzar el aprendizaje y enseñar Ciudadanía Global. Actualmente trabaja en una Maestría en Educación en Pedagogía durante Primeros Años.

Conecta con @ElliePrimary1, para continuar aprendiendo junto a su increíble salón de clases y elefantes.

---

1. https://blogs.glowscotland.org.uk/fa/mrsjalland/
2. https://sway.office.com/Rh3QGqWio3PHfZzJ?ref=Twitter
3. Traducción #whydoresearch, Por qué investigamos.
4. https://www.youtube.com/watch?v=1ek0JGO4HRM&feature=youtu.be
5. https://sway.office.com/DMWzk2WfF96pieMe
6. https://sway.office.com/CVsezVUAxZzyL71J
7. https://sway.com/Rh3QGqWio3PHfZzJ?ref=Link

CAPÍTULO CINCO
SE LLEVA A CABO

Rachel Murat, Estados Unidos
Todas la cosas sobre Ciencias Sociales [1]
Positivamente sociales [2]

He tenido la bendición de contar con un director y superintendente que entiende mis ideas extravagantes o aquellas que están *fuera de la caja* y me apoya para seguir adelante con ellas; de esta forma, nunca nos sentimos satisfechos y no bajamos la guardia.

En 2013, me acerqué a ellos con la idea de desarrollar un curso en Ciudadanía Digital. Nos encontrábamos justo en el proceso de tener carritos y más dispositivos disponibles para todos y realmente quería que nos enfocáramos en cómo los estudiantes pudieran crear, compartir y mostrar su aprendizaje con los nuevos dispositivos. Seis años más tarde, esta escuela ha evolucionado en un curso de Liderazgo Digital, donde mis estudiantes ahora no solamente examinan su marca social en sus acciones en línea y fuera de ella, sino además crean, alientan a otros a conectarse, crear e ir más allá de las cuatro paredes de su escuela, distrito y comunidad.

Ahora, para darte algunas ideas, echemos un vistazo a lo que hemos trabajado en nuestras aulas, con ese toque especial de conciencia en ciudadanía digital.

¿Impartes un curso en Arte del Lenguaje Inglés? ¿Por qué no permitir que los estudiantes escriban libremente sus respuestas, de manera creativa, o publiquen un blog que pueda ser compartido más allá de las cuatro paredes del aula? Esto no solamente pone su trabajo a la vista y el alcance de otras personas, además los posiciona en un modo creativo, en lugar de uno de consumo. Redactar un blog no es solamente crear algo que pueda compartirse a través de las redes sociales o el correo electrónico, además facilita que tus estudiantes practiquen la manera en la que escriben retroalimentaciones en los blogs de otras personas. La retroalimentación positiva y constructiva, es una habilidad que los estudiantes necesitan practicar, ¡por qué no darles la oportunidad! Aunque no se note, esta es una manera de moldear y practicar la ciudadanía digital.

¿Enseñas un curso de Ciencias Sociales? Por qué no crear un mapa colaborativo en Google My Maps[3], donde los estudiantes muestren y aprendan habilidades importantes sobre cómo utilizar un mapa, y colaboren en una plataforma donde es importante asegurarse de respetar el trabajo de los demás. Inclusive pudieran hacer un proyecto en clase donde el objetivo sea planear un *"viaje alrededor del Mundo"*, en el que cada estudiante sea responsable de una etapa, y cada etapa los vaya llevando hacia la siguiente hasta completar el viaje. ¡Podrían incluso conectarse con personas en cada uno de esos países, y BOOM, el aprendizaje se volvería real! No sólo estarían practicando habilidades de mapeo y comunicación, además estarían practicando la habilidad de colaborar en línea. Con ello, ¡formas y practicas la ciudadanía digital!

Ahora bien, ¿enseñas idiomas? ¿Por qué no utilizar las redes sociales para conectar tu clase con uno de los países donde se habla el lenguaje que enseñas, para compartir ideas, practicar otro idioma y aprender de otras culturas? Una vez que los estudiantes están conectados, puedes darles a elegir utilizar herramientas digitales como Flipgrid[4], donde pueden comunicarse de manera directa o bien escribiendo cartas de su puño y letra, como en los viejos tiempos. Hacer conexiones globales es una actividad muy poderosa para los estudiantes, especialmente para aquellos que por motivos económicos no pueden salir de vacaciones.

Aunque no te des cuenta, con ello, ¡formas y practicas la ciudadanía digital!

¿Enseñas un curso de Música? ¿Por qué no crear conexiones con algunos autores en redes sociales, o a través de Google Hangout, o Skype, para que tus estudiantes colaboren en la creación de una nueva pieza musical? ¡No solamente practicarán habilidades del mundo real, también aprenderán de un experto en música! Nunca se sabe si esto le pueda dar oportunidad a alguno o algunos de tus alumnos para que realicen prácticas profesionales! Aunque no lo notes, con ello, ¡formas y practicas la ciudadanía digital!

¿Enseñas Matemáticas? ¿Por qué no utilizar Álgebra, por ejemplo -si tus estudiantes la están aprendiendo- y hacer que resuelvan con ello un problema del mundo real? Utiliza tu poder en redes sociales para buscar un problema mundial donde el Álgebra ayude a un grupo de personas, un poblado o una comunidad específica. Aunque no lo notes, ¡con ello formas y practicas la ciudadanía digital!

¿Impartes un curso sobre Ciencias de la Tierra? ¿Por qué no hacer que tus estudiantes busquen un científico de la NASA o entren en contacto con la Estación Espacial, y puedan ser parte de un experimento en tiempo real? Con esto, aunque no se note, ¡formas y practicas la ciudadanía digital!

¿El Consejo Estudiantil celebra el Día Internacional de la Felicidad? ¿Por qué limitarse a celebrarlo solamente en el campus? Difundan los mensajes del día conectándose con escuelas de la ciudad, estatales, del país, incluso de otros países. Las conexiones y el impacto que los estudiantes lleguen a realizar permanecerán por más tiempo que el día de la celebración. Aunque no se note, con este ejemplo, ¡formas y practicas la ciudadanía digital!

¿Llevarán a cabo una noche de padres de familia o informativa? ¿Por qué no hacer que los estudiantes enseñen a los padres de familia sobre los usos positivos de las redes sociales? Una opción es proyectar el video **Positively Social**[5] (*Positivamente Sociales*, disponible de manera gratuita en YouTube); asimismo, los estudiantes pueden enseñar a los padres de familia a utilizar plataformas de redes sociales, o solamente comenzar una conversación sobre ciudadanía digital. Aunque no se note, con esto, ¡formas y practicas la ciudadanía digital!

La ciudadanía digital no es solamente algo más que agregar al programa curricular. Es algo que ya se debe trabajar y poner en marcha en tu salón de clases. En nuestro curso de Liderazgo Digital, hemos creado tutoriales, Anuncios de Servicio Público (APS), publicaciones en blog y recursos que han sido utilizados por educadores y estudiantes alrededor del Mundo. Hemos dado la bienvenida a nuestra clase y convivido con expertos, coaches, directores de admisión de universidades, educadores, autores, conferencistas internacionales, y más personas de diferentes partes del Mundo, a través de Google Hangouts. Además, hemos organizado chats en Twitter, los cuales nos ayudan a promover y dar a conocer actos de bondad y muestran cómo los estudiantes utilizan las redes sociales para el bien.

Hemos planeado y organizado una Digital Citizenship Summit (Cumbre de Ciudadanía Digital), así como planeado y producido el video *Positivamente Sociales*, del cual comentaremos más adelante. Apoyamos la recaudación de fondos para crear conciencia sobre las causas que generan un impacto en nuestra comunidad, las cuales, de no ser por las conexiones que hemos realizado en nuestro salón de clases, nunca hubiéramos conocido. Hemos tenido invitados de diferentes partes del mundo a nuestras presentaciones, pues transmitimos en vivo a través de Facebook y Periscope. Hemos creado portafolios o carpetas que han favorecido a mis alumnos con becas y prácticas profesionales, entre otras prácticas.

No es necesario contar con un período de clase dedicado a la ciudadanía digital o al liderazgo digital para hacer todas estas actividades pero, ¿por qué no arriesgarse y proponerlo como un curso electivo o armar un curso en línea basado en código abierto? Esta es una manera en la que es posible compartir con el resto del mundo la información y los recursos que se vayan creando entre alumnos y estudiantes. Una vez que tu salón de clases tenga la primera experiencia de conexión con el mundo, o simplemente con otra escuela de tu comunidad, ¡no querrás dar marcha atrás!

· · ·

Estoy segura que algunas de las clases y actividades que se llevan a cabo de acuerdo con los estándares educativos de tu escuela pueden adaptarse a desarrollar la creatividad en tus alumnos. Añadir el uso de la tecnología dará a tus estudiantes la capacidad para ir más lejos de lo que han alcanzado hasta ahora, incluso ir más allá de lo que habían imaginado, es ahí donde sucede la magia. Con tu trabajo diario logras grandes cosas, la educación cívica y la educación del carácter ya son parte de las actividades cotidianas. Vincular esas conversaciones de educación cívica y del carácter es un proceso que se da de manera natural cuando se utiliza la tecnología en el salón de clases. Tal vez no parezca, pero con ello, ¡formas y practicas la ciudadanía digital!

La Ciudadanía Digital no es algo más que agregar. Es ya una labor en marcha que se desarrolla en tu salón de clases.

Rachel Murat ha sido educadora en el Distrito Central Escolar de Maine Endwell, por 23 años. Actualmente, es maestra de Ciencias Sociales, e integradora de tecnología, en la Preparatoria Main Endwell, en Nueva York.

Conéctate con @MrsMurat, para continuar aprendiendo junto a ella.

---

1. http://spartansocialstudies.blogspot.com/
2. https://www.youtube.com/watch?v=BTMIryyR-nI&t=2s
3. https://www.google.com/maps/d/u/0/
4. https://flipgrid.com/
5. Positivamente socialesl https://www.youtube.com/watch?v=BTMIryyR-nI&t=2s

CAPÍTULO SEIS
CENTRO DE AYUDA PARA ESTUDIANTES

Jennifer Scheffer, Estados Unidos

Las Escuelas Públicas de Burlington, en Burlington, Massachusetts, han hecho que la educación en ciudadanía digital sea una prioridad para sus tres mil 400 estudiantes, desde que lanzaron su programa de iPad 1:1 (programa uno a uno), en 2011.

En lugar de prohibir y bloquear el acceso a las herramientas digitales, incluyendo las redes sociales, los líderes del distrito escolar están convencidos que los estudiantes del siglo XXI necesitan educación en ciudadanía digital tanto como las materias básicas como Lectura, Escritura, Matemáticas y Ciencias.

Esta educación en ciudadanía digital comienza en los primeros grados de Primaria y permanece hasta la Preparatoria. Una vez que se gradúan, con la ayuda de educadores innovadores en programación y adopción de riesgos, los estudiantes de Burlington están preparados para navegar de una manera ética y segura en un mundo digital cada vez más complejo. A su vez, entienden cómo utilizar una variedad de herramientas digitales para comunicarse, las implicaciones que la reputación digital tiene en su vida a nivel personal y profesional, la importancia de respetar la propiedad intelectual, por qué es esencial cumplir en la vida digital con las leyes de derechos de autor, y cómo utilizar estrategias de investigación digital para su éxito académico.

En Burlington, gran parte del éxito en la educación de ciudadanía digital comienza con el fuerte liderazgo que se practica en el distrito escolar. Los líderes escolares de Burlington son usuarios inteligentes y activos de las tecnologías modernas, quienes promueven y apoyan el uso de la tecnología progresiva en las alas. Además, saben cómo aprovechar el uso de herramientas como Twitter, Instagram y blogs para incrementar la comunicación con los padres y promover el éxito del distrito en toda la comunidad. A través del empleo de sus herramientas de redes sociales, los líderes de Burlington son ejemplo para los interesados en conocer lo que significa ser un miembro responsable, contribuyente y positivo en nuestro mundo digital. Apoyan programas curriculares que proporcionan una educación del mundo real y auténtica en ciudadanía digital. Todo esto da como resultado una cultura de distrito donde la voz y opinión de los estudiantes se amplía y la colaboración se vuelve global. Burlington es un distrito escolar modelo para otras escuelas de educación K-12 que buscan desarrollar o mejorar su programa curricular en ciudadanía digital.

Los estudiantes de Burlington de nivel secundaria, tienen acceso a Instagram, Twitter, Facebook, entre otras herramientas de redes sociales del siglo XXI. Durante una orientación llevada a cabo en el primer año de secundaria sobre el uso del iPad, se les recuerda que todo aquello que publiquen en línea es un reflejo directo de su identidad digital. Todos los estudiantes de primer año deben tomar un curso en línea sobre ciudadanía digital, mismo que irán completando a su propio ritmo, el cual contiene lecciones en comunicación digital, información tecnológica y seguridad digital, entre otros temas. Este curso introductorio sienta las bases para un uso más sofisticado de las redes sociales, requeridas para sus trabajos durante el ciclo escolar. Los estudiantes de este nivel escolar también tienen la oportunidad de integrarse al programa *Centro de ayuda para estudiantes*, donde son responsables de un blog de reconocimiento global y tienen la oportunidad de participar en una transmisión en vivo por YouTube, en la que entrevistan a profesionales en campos relacionados con la Tecnología. El curso del Centro de Ayuda se titula formalmente "*Innovación e Integra-*

ción de Tecnología Estudiantil". Tiene una duración de un semestre, con valor de 2.5 créditos y está disponible para estudiantes de segundo año, intermedios y de nivel superior. La descripción del curso se muestra a continuación:

> *El curso de Innovación e Integración de Tecnología Estudiantil es un estudio práctico de integración tecnológica en un contexto educacional. Los estudiantes deben evaluar un conjunto de problemas a lo largo del día y definir el mejor enfoque para abordarlo o resolverlo. Además de resolver problemas, los estudiantes y maestros deben completar y mantener proyectos en curso que aborden problemas o soluciones en integración de tecnología educativa. Este curso también otorga a los estudiantes la oportunidad de continuar un camino de aprendizaje independiente en una de las siguientes cuatro áreas: innovación, diseño, iniciativa empresarial, o aplicación y desarrollo de un proyecto que impacte de manera positiva a su comunidad. Los estudiantes podrán colaborar con negocios y organizaciones externas, a medida que desarrollan e implementan sus proyectos. Para aprobar este curso, los estudiantes deben tener conocimiento previo del sistema Apple OS, Microsoft Windows, y iPad iOS.*

El programa curricular del Centro de Ayuda se enfoca en desarrollar en los estudiantes habilidades de solución de problemas, pensamiento crítico, comunicación y colaboración. De manera específica, se requiere que los estudiantes investiguen, evalúen y recomienden a los estudiantes y maestros las herramientas más recientes en tecnología educativa. Los estudiantes del Centro de Apoyo se han vuelto fuentes confiables de información para recomendar la mejor tecnología a utilizar en la enseñanza y el aprendizaje. Además de reseñas sobre diversas apps, los estudiantes del Centro de Ayuda conocen y son expertos en resolver problemas relacionados con software y hardware. Ya sea que los estudiantes necesiten asistencia para actualizar su sistema iOS, organizar sus archivos en Google Drive o apuntes de Notability, o bien que los maestros necesiten ayuda con su proyector o para enviar transmisión a través de AirPlay, los estudiantes del Centro de Ayuda colaboran junto con ellos de manera eficiente y eficaz para resolver una gran variedad de problemas tecnológicos en el ambiente

1:1 que se vive en Burlington. Otra parte importante del currículo del Centro de Ayuda es que los estudiantes reflexionen sobre su aprendizaje a través de un blog individual. De manera semanal publican reflexiones sobre las habilidades que han desarrollado como resultado de este curso práctico, así como las habilidades que desean mejorar en diferentes áreas relacionadas.

El programa de Centro de Ayuda ha sido reconocido a nivel nacional por estar dirigido en su totalidad por estudiantes y por aprovechar las herramientas de redes sociales para crear conexiones con otros estudiantes y educadores. Los estudiantes involucrados en el programa han relatado sus experiencias de aprendizaje a través de sus blog individuales, y muchos de ellos han podido establecer fuertes redes de aprendizaje utilizando Twitter y LinkedIn.

Existe un programa similar a Centro de Ayuda en Burlington, en la Escuela Intermedia Marshall Simonds; además, en diferentes partes del Mundo también han sido desarrollados programas de Centro de Ayuda, administrados por estudiantes; muchos de ellos ven a Burlington como su modelo a seguir para sus actividades curriculares y de aprendizaje. Ya sea que los estudiantes participen en la creación de video tutoriales para explicar cómo utilizar diferentes aplicaciones educativas que serán publicadas en el blog o hablen en conferencias educativas sobre los beneficios del empleo de las redes sociales para potenciar la voz de los estudiantes, un programa de Centro de Ayuda estudiantil es una manera en la que la escuela o el distrito pueden crear experiencias en ciudadanía digital para los estudiantes de manera relevante y significativa.

A nivel Primaria, los estudiantes de Burlington comienzan a recibir información y conceptos de ciudadanía digital, principalmente a través del empleo de Google Classroom, así como Seesaw, una herramienta educativa donde los estudiantes pueden crear sus portafolios. Estas aplicaciones son comunidades digitales privadas y de grupos cerrados donde los estudiantes más jóvenes del distrito pueden adquirir aprendizaje, experiencia en comunidad e identidad digital. Ellos aprenden sobre los distintos tipos de trabajo que pueden compartirse en un ambiente digital, cómo hacer comentarios apropiados en los proyectos de sus compañeros, así como la manera en la que pueden utilizar herramientas digitales para establecer relaciones significativas con sus compañeros y maestros. En los grados de educación primaria, las lecciones que enfatizan la seguridad digital son fundamentales. Los estudiantes deben aprender a temprana edad que nunca deben entablar una conversación digital con alguien que no conocen, nunca compartir información personal como su dirección o número telefónico, y nunca compartir sus contraseñas.

La gran ventaja de impartir educación en ciudadanía digital en edades tempranas es que los errores que puedan llegar a cometer los estudiantes pueden ser corregidos en un espacio privado. Además, los estudiantes pueden evitar ciertos comportamientos que, si se dejaran de corregir, pudieran perjudicar su carrera a futuro u objetivos personales. La educación en ciudadanía digital durante la Primaria es crítica y requiere un modo de pensar o perspectiva para crecer por parte de los educadores. Se lo debemos a nuestros estudiantes, prepararlos para una sociedad global y siempre cambiante, donde las tecnologías digitales son utilizadas diariamente en la mayoría de los aspectos de nuestra vida. Como maestros estaríamos fallando a nuestros alumnos si no enseñáramos desde etapas tempranas los conceptos de ciudadanía digital; en contraste, iniciativas como DigCitKids, es llevarlos en la dirección correcta. Nuestros alumnos quieren contribuir a nuestro mundo digital, la mayoría de ellos muestra gran entusiasmo al utilizar la tecnología; si son dirigidos de manera adecuada, pueden canalizar ese entusiasmo de manera positiva. Creo que dándoles la oportunidad de explorar, crear y utilizar de manera auténtica las herramientas digitales, los estudiantes de hoy pueden y harán una gran diferencia en el mundo del mañana.

Crea un programa de Centro de Ayuda que cumpla con las necesidades particulares de tu comunidad escolar. Algunos programas se enfocan en reparar dispositivos, y ayuda en problemas técnicos, mientras que otros se enfocan en software o herramientas web. Tu programa puede convertirse en una combinación de ambos, o solamente enfocarse en las necesidades que tengan en tu distrito escolar. Es importante obtener el apoyo de la administración escolar antes de desarrollar un programa de Centro de Ayuda. Demuestra el valor que tiene el que los estudiantes asuman el liderazgo con este tipo de iniciativas tecnológicas.

Lo más importante, es conectar tu programa con los objetivos de aprendizaje y el programa curricular. Mantén tu programa curricular flexible y fluido. A medida que las herramientas tecnológicas cambian, también cambian las necesidades de tu comunidad escolar. Para propósitos de longevidad, desarrolla un programa que pueda ajustarse fácilmente al mundo cambiante de la tecnología. Finalmente, enfatiza la opinión de los estudiantes, independientemente del tipo de programa que elijas. Promueve el trabajo de tus alumnos en un blog o sitio web. Ayúdales a desarrollar su liderazgo y habilidades de comunicación a través de un blog y/o comunicación en redes sociales, para que puedan entender que tienen gran valor como partes interesadas en la escuela e *influencers* tecnológicos. Para tener una idea más clara del programa de Centro de Ayuda en Burlington, te invitamos a revisar este video. [1]

Jenn Scheffer ha sido educadora de negocios y tecnología informática durante los últimos 18 años. Es apasionada de la educación en ciudadanía digital, así como de proveer a los estudiantes oportunidades de aprendizaje en el mundo real. Ha sido presentadora del tema de ciudadanía digital en conferencias estatales, regionales y nacionales, su trabajo ha sido presentado en diversos libros de ciudadanía digital.

Conecta con Jennifer en sus cuentas de Twitter @jlscheffer, @HelpDeskFH, y @TheBHSHelpDesk, para continuar aprendiendo junto a ella.

---

1. https://www.youtube.com/watch?reload=9&v=L5fwFTuAjek&feature=youtu.be

CAPÍTULO SIETE
CONSTRUYENDO CIUDADANOS EN MINECRAFT

Michael Drezek,[1] Estados Unidos

Todos somos jugadores (gamers, por su término en inglés). Hagamos memoria y recordemos nuestra etapa de juventud. Esos recuerdos seguramente incluyen escenas en donde jugabas con tu familia y amigos -desde juegos de mesa hasta deportes. Sin duda, los juegos reúnen a las personas. Los juegos, además, traen consigo retos y, lo más importante de todo, son divertidos.

Aprendemos tantas cosas a través del juego, incluyendo la socialización, la cooperación, la estrategia; aprendemos a lidiar cuando perdemos, aprendemos cómo ganar con gracia, y algunas veces aprendemos cómo tratar a aquellos que juegan bajo sus propias reglas. Cuando veo todo esto en perspectiva, no puedo evitar hacer conexiones con lo que sucede en el salón de clases y nuestro sistema educativo. El auge que han tenido tanto la gamificación (ludificación) como el aprendizaje basado en juegos nos muestra que no solamente los educadores están deseosos de encontrar maneras de involucrar a los estudiantes, sino que también aprovechan algo con lo que muchos pueden relacionarse, y todo por las razones correctas.

Antes de escribir esto, pensé en hacer una búsqueda en internet sobre los juegos más populares, en general, sólo para saber qué resultados saldrían. Después de escribir en el buscador *"Juegos Populares"*, me desplacé y desplacé por los resultados mostrados, de una página a la siguiente, y no pude encontrar ningún resultado que mostrara juegos que no fueran digitales. El resultado número uno me llevó a una lista de los 50 videojuegos más populares, y el número uno en esa lista era Fortnite, un juego cooperativo de supervivencia. El lugar número tres en esa lista era Minecraft, un juego de aventuras que se originó en 2009, actualmente ha vendido 144 millones de copias en todas las plataformas y tiene 74 millones de usuarios activos al mes[2]. Era inevitable que algo tan popular en la década anterior como Minecraft eventualmente encontrara la manera de llegar a las aulas y últimamente a mi planificación de clases.

En el ciclo escolar 2015-2016, comenzaba mi doceavo año como educador y mi segundo año como especialista en integración de tecnología. Fue cuando Melissa Bergler, nuestra Asistente Superintendente de Currículo e Instrucción, compartió con los educadores del distrito que se llevaría a cabo en la localidad un taller de Educación en Minecraft. Es verdad que al recibir dicho correo y ver la palabra Minecraft en el título, pudo haber optado por borrarlo, sin embargo, dio un salto de fe hacia el aprendizaje basado en juegos y envió el correo, dando oportunidad de asistir a todos los maestros del Distrito Escolar de Lake Shore. Jacqueline Preischel y Nicole Wegrzynowski, dos maestros de Matemáticas, fueron los dos primeros en no dejar pasar la oportunidad, la cual pudo haber terminado al borrar y olvidar el correo, pero ellos decidieron correr el riesgo en favor de sus estudiantes. Melissa, Jacqueline, Nicole y yo, asistimos el día entero al taller de Minecraft-EDU. El resto, es historia. Les diré que contar con el apoyo de mi Asistente Superintendente en esta nueva aventura fue la clave para traer Minecraft al salón de clases. Ella permaneció junto a nosotros todo el tiempo. Antonio Scordo, un Capacitador en Educación con Minecraft y Coordinador Regional de Tecnología para la Junta de Servicios Cooperativos Educacionales de Erie 1 (BOCES, por sus siglas en inglés, Board of Cooperative Educational Services Erie 1), fue quien nos condujo a través del programa piloto inicial. Al comienzo, utilizamos un Mundo de Matemáticas, creado por Antonio y su hijo. Además, alineó ese Mundo de Matemáticas a nuestros Estándares de Aprendizaje del Estado de Nueva York. Incluía casas, jardines, albercas, un centro de conferencias, una torre de mago y un área de libre construcción. A través de Minecraft, los estudiantes aprendieron acerca de área, perímetro y volumen. Esta experiencia hizo fácil el aprendizaje en Matemáticas, pues el aprender con apoyo visual tiene una gran ventaja y los conceptos se entendieron rápidamente. Era un tipo de enseñanza a través de la experiencia. Era una experiencia realmente hermosa.

Escuchar el bullicio en el aula cuando los estudiantes aparecieron por primera vez en el mundo virtual de Matemáticas, es una experiencia que no tiene precio. A medida que resolvían exitosamente problemas relacionados con la materia, ganaban materiales de construcción que los ayudarían a crecer en el área del mundo virtual que construían. Algunos eligieron construir por sí mismos, mientras otros se agruparon en equipos. Sin embargo, no todo fue color de rosa. No pasó mucho tiempo antes de que un estudiante gritara: *"¡Deja de construir en mi espacio!"*; a su vez, otro gritaba: *"¡Derribó algunas de sus construcciones y tomó algunos de sus materiales de construcción!"*; asimismo, escuché: ¡*Griefing!*[3], una palabra que jamás había escuchado antes de haber tomado el taller inicial con Antonio. Ahora lo estaba viviendo. A pesar de haber establecido algunas reglas básicas, simplemente el decirles a los estudiantes que fueran respetuosos unos con otros en el juego, no fue suficiente. Consideremos esto como un fracaso como maestro. Sin embargo, esta experiencia también me ayudó a caer en un momento de *iluminación e inspiración*. Si los estudiantes pudieron establecer con éxito las reglas a seguir en el salón de clases al inicio del ciclo escolar, ¿por qué no también tendrían la capacidad para establecer las reglas para convivir en el espacio virtual en Minecraft?

Una de mis características favoritas -y para los estudiantes una de las menos favoritas- de MinecraftEDU, es que se tiene la capacidad de *congelar* a todos los estudiantes simultáneamente en el juego. Hacer esto nos permitió reagruparnos y entablar una importante conversación. Ayudó a que los estudiantes se dieran cuenta que necesitaban participar y convivir en el mundo virtual, de la misma manera que lo hacen en el mundo real. Así que establecieron las siguientes expectativas para el juego:

- Respetar todas las construcciones de todos los jugadores.
- Sólo tomar lo que necesites.
- Mantener el mundo limpio.
- Mantener los mensajes del chat en positivo y sólo hacerlos cuando sea necesario.
- Mantener la calma y hacer lo que a cada quien le corresponde.

Estas expectativas generadas y dirigidas por los estudiantes, establecieron las bases para mantener una convivencia y aprendizaje exitosos. No fue perfecto, hubo momentos en donde había que recordarles a los estudiantes de parte de sus mismos compañeros las reglas establecidas, pero lo importante es que este tipo de experiencias no tan gratas para algunos al final sirvieron de momentos de aprendizaje.

Una vez que vimos el entusiasmo de parte de nuestros estudiantes hacia MinecraftEdu, nos vimos en la necesidad de hacer algo más con ello. Tuve la fortuna de toparme con un Tweet de Marco Vigelini, maestro y líder de CoderDojo[4] de Italia, en abril de 2016.

Como parte de este proyecto global de arte en MinecraftEdu, escuelas alrededor del Mundo toman ejemplos de obras de arte y las importan a una réplica virtual del museo de Louvre. Nuestros alumnos comparten sus dibujos, pinturas, esculturas y más. Muchos de estos objetos representan su cultura y su comunidad. A los alumnos además se les otorga un lote de tierra para construir una comunidad virtual con los objetos que representan su escuela y su comunidad local. Esta actividad generó tal impacto en mí que las creaciones hechas por los estudiantes son capturadas desde el cielo en Minecraft en mi banner del perfil de Twitter hasta hoy día. Han construido una bandera de los Estados Unidos, un águila en arte pixel para representar a nuestra mascota de Lake Shore, un faro multicolor para representar la inclusión, una casa brincolín para representar diversión, así como un cinturón wampum de Séneca Nation, para representar a nuestra comunidad nativo americana.

También construyeron una réplica de nuestra comunidad en condiciones de nieve para representar cómo son nuestros inviernos en el lado Oeste del Estado de Nueva York. Me sorprendió ver cómo nuestros estudiantes se habían convertido en increíbles ciudadanos digitales al explorar el arte virtual y construcciones hechas por otras escuelas. En cualquier momento tenían la oportunidad de romper bloques, destrozar los vidrios de la réplica del museo de Louvre, o incluso construir en el espacio de las otras escuelas; sin embargo, nada de esto sucedió. Existía ya un alto nivel de respeto mutuo y apreciación entre las escuelas participantes. En un momento dado, nuestras aulas tenían la capacidad de conectarse al servidor al mismo tiempo. Fue ahí donde pusieron a prueba sus habilidades de ciudadanía digital. Los alumnos ahora podían saludar a otros a través de mensajes en Minecraft. Se felicitaban unos a otros por su trabajo de Arte. Incluso habrían seguido en línea toda la noche de no tener que tomar el autobús de regreso a casa al finalizar las actividades escolares. Estoy convencido de que los alumnos no olvidarán la experiencia. El mundo ciertamente es más pequeño cuando escuelas de Japón, Italia, Australia, Canadá, Israel y los Estados Unidos pueden aprender unas de otras a través del arte y la creatividad en el mismo mundo en Minecraft.

Puedes conocer más de nuestro proyecto en esta liga.[5]

Nuestro viaje por MinecraftEdu no se detuvo ahí. También nos llevó a tener una lección a través de Skype en el salón de clases con Sean Fay Wolfe, estudiante y autor inspirado en Minecraft. Sean es autor de la serie de libros *The Elementia Chronicles*[6]. Compartió con nosotros su experiencia y nos dijo cómo su pasión por el juego lo llevó a escribir. Los estudiantes se dieron cuenta de que ellos también eran capaces de redactar historias basándose en sus creaciones en Minecraft. Hicieron preguntas interesantes, incluyendo una acerca de los jugadores que *trolean* a otros y causan molestia dentro del juego. Sean compartió sus propias experiencias y explicó que algunos de los personajes de sus libros están basados en la gente que ha encontrado en línea. No pasó mucho tiempo para que nuestra bibliotecaria escolar adquiriera los libros de Sean y estuvieran en los estantes de nuestra biblioteca. Son un gran éxito, la conexión personal que han tenido con el autor, hace que el leerlos sea más especial para nuestros estudiantes.

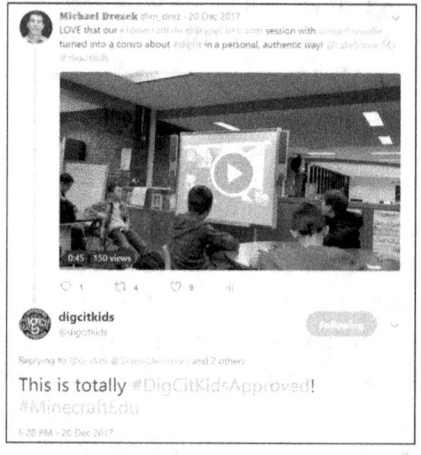

Nuestra escuela ahora utiliza la Edición Educativa de Microsoft Minecraft. No he tenido más que el apoyo de nuestra comunidad global de mentores en Minecraft. Actualmente, los maestros pueden encontrar una comunidad en el sitio oficial donde hay más de 500 planes de estudio creados por educadores alrededor del Mundo. Las clases y lecciones incluyen temas en Artes del Lenguaje, Ciencias, Matemáticas, Historia y Cultura, Arte y Diseño, Computación. Este año, nuestros estudiantes estarán presentes en el programa de sostenibilidad *Mine-*

craft Education Sustainability Suffle, enfocado en los Objetivos de Desarrollo Sostenible de las Naciones Unidas. Este proyecto es liderado por el educador canadiense Benjamin Kelly[7]. Independientemente de la actividad, la lección o el proyecto, MinecraftEdu y otros juegos en línea proveen la oportunidad perfecta para que los estudiantes practiquen e incrementen sus habilidades en ciudadanía digital. Estas actividades establecen el escenario para tener conversaciones importantes, el ambiente seguro donde pueden cometer errores y aprender de las experiencias.

El juego profesional es ahora una realidad. En 2016, las más de 18 mil entradas en el Madison Square Garden para las Semifinales por el Campeonato Mundial de League of Legends se agotaron a lo largo de varios días consecutivos. Si bien las probabilidades de convertir este pasatiempo en algo profesional pudieran estar en contra, no podemos ignorar el hecho de que los equipos universitarios en videojuegos (Varsity e-sports teams) están apareciendo en las universidades. La Universidad Robert Morris fue la primera en ofrecer becas por jugar videojuegos, hasta 19 mil dólares por año[8]. Es muy probable que la mayoría de los estudiantes no elijan este camino; sin embargo, pueden beneficiarse de la exposición que les da Minecraft Education en el salón de clases. Soy partidario de la exploración, la creatividad, el descubrimiento, la colaboración y la curiosidad que Minecraft provoca en los estudiantes. Son habilidades que pueden ser experimentadas en un espacio digital; además, pueden aplicarse en diferentes ámbitos de la vida.

El aprendizaje basado en juegos ha creado en mí una nueva perspectiva respecto al proceso de enseñanza-aprendizaje, estoy profundamente agradecido con Minecraft Education para abrir mis ojos a esto. También estoy agradecido por tener el espacio que permite que mis estudiantes tengan la oportunidad de construir su ciudadanía digital y, a la larga, su ciudadanía como un todo. No en todas las ocasiones lo harán de la manera correcta, pero tendrán las oportunidades para corregirlo, porque existimos educadores que queremos tomar el riesgo y probar algo nuevo en el salón de clases que tal vez para otros sea algo a evitar.

Me encantaría compartir contigo cualquier experiencia en ciudadanía digital a través de los videojuegos con los hashtag #bethatKINDof-gamer y #bethatKINDofkid.

Para comenzar tu propia experiencia con MinecraftEdu[9], consulta con tu departamento de tecnología el acceso a Minecraft: Edición Educativa; para ello se requiere cuentas en Microsoft Office 365. Los maestros pueden instalar Minecraft Pocket Edition en tabletas si no cuentan con computadoras con sistema operativo Windows 10 o computadoras Mac.

Michael Drezek es Integrador de Tecnología del Distrito para Lake Shore Central School, en el Distrito de Angola, Nueva York; se desempeña como maestro en asignación especial. Ha sido expositor a nivel regional, nacional e internacional en temas relacionados con tecnología educativa.

Conecta en Twitter @m_drez, para continuar aprendiendo juntos.

---

1. https://michaeldrezek.com/
2. Aernout. "Minecraft Sales Reach 144 Million Across All Platforms; 74 Million Monthly Players." *Wccftech*, Wccftech, 22 Jan. 2018 wccftech.com/minecraft-sales-144-million/
3. En Minecraft, se refiere al acto de irritar o hacer enojar a las personas en videojuegos por haber destruído, construido o hacer uso de la ingeniería social. https://minecraft.gamepedia.com/Tutorials/Griefing
4. https://coderdojo.com/foundation/
5. https://stateoftheart.creatubbles.com/2016/09/22/a-journey-into-creativity-with-creatubbles-and-minecraft/
6. "The Elementia Chronicles #1: Quest for Justice: An Unofficial Minecraft ...." My Book. Acceso Mayo 31, 2019.
7. https://www.youtube.com/watch?v=jxyXRBtypng
8. Scholarships.com. "Esports Scholarships / Scholarships for Gamers." *Scholarships for College Free College Scholarship Search 2018-2019*, www.scholarships.com/financial-aid/college-scholarships/sports-scholarships/esports-scholarships-scholarships-for-gamers/.
9. "Get Started | Minecraft: Education Edition." https://education.minecraft.net/get-started/. Accessed 20 Jan. 2019.

CAPÍTULO OCHO
¿CREAS O CONSUMES?

Claudio Zavala, Estados Unidos
Soy Claudio[1]

ACTUALMENTE, en sentido figurado y literal, tenemos a nuestra disposición y al alcance de nuestras manos una gran cantidad de información. Por ejemplo, cuando tenía que arreglar el interruptor de luz de freno de mi Honda Civic 2001, hice una búsqueda en internet, encontré un video que me mostró cómo hacerlo paso a paso para reemplazarlo. ¡Genial! Estoy seguro que no he sido el único que ha buscado imágenes o videos sobre instrucciones o para aprender algo nuevo.

Es fácil hacer una búsqueda de imágenes o videos, creo que también se está volviendo igualmente fácil utilizar fotografías o gráficos en nuestras redes sociales, aula o como marca personal. Sin embargo, aunque sea fácil buscar y encontrar una imagen en internet, no necesariamente significa que tenemos el derecho de usarla. Mucho menos obtener una ganancia o ingresos con dicha imagen.

CONSUMIDOR

> **con·sum·ing**
> /kənˈsoomiNG/
> *adjective*
> (of a feeling) completely filling one's mind and attention; absorbing.
> "a consuming passion"

¡Todos somos consumidores! Adquirimos y compramos artículos para nutrirnos, combustible para nuestros vehículos y materiales escolares para que los utilicen nuestros estudiantes. No hay nada malo en ser un consumidor. Todos necesitamos comer.

Además de consumir provisiones naturales, nos hemos convertido en consumidores digitales. Vemos Netflix, YouTube, y contenidos en redes sociales. Como consumidores digitales, ¡podemos fácilmente basar y mantener nuestra dieta en la observación y nunca percatarnos que no estamos contribuyendo!

Como ciudadanos digitales, queremos enseñar a nuestros alumnos las mejores prácticas que los ayudarán a elegir y crear contenidos adecuados. Consumir puede colocarnos en el predicamento de la violación de derechos de autor. Un ejemplo común de dicha práctica es cuando los estudiantes hacen una búsqueda de imágenes a través de Google o Bing, y la agregan a su reporte de tareas sin darle crédito al autor. Otro escenario es cuando un estudiante copia una imagen de internet y sólo le agrega texto, para después compartirla en alguna plataforma de redes sociales, ¡sin darse cuenta que infringe los derechos de autor de ese fotógrafo!

Hay diferentes fuentes de información que pueden ayudarte a enseñar a tus alumnos acerca de los derechos de autor y la legislación del uso justo del material que encontramos en internet. Puedes encontrar estas lecciones para darlas en clase en el sitio de internet de Common Sense Media[2].

CREAR

> **cre·ate**
> /krēˈāt/
> *verb*
> gerund or present participle: creating
> bring (something) into existence.
> "he created a thirty-acre lake"
> synonyms: produce, generate, bring into being, make, fabricate, fashion, build, construct, More

Soy un gran partidario de crear y utilizar contenido propio. Como creador, tanto los alumnos como tú mismo tienen el control sobre el empleo de sus propias imágenes, gráficos o videos. Además, si los alumnos alguna vez quisieran obtener algún beneficio económico de sus creaciones, ¡pueden hacerlo!

Para ayudar a nuestros DigCitKids a que sean creadores en lugar de consumidores, hay diferentes maneras de enseñarles a crear contenidos. Hay un gran número de herramientas digitales o apps que se pueden utilizar para ello. Dependiendo de la edad de tus estudiantes, pueden incluso utilizar sus propios dispositivos o bien los que utilicen en el ambiente escolar. Exploremos a continuación dos apps de Adobe que pueden usar para crear gráficos y videos.

ADOBE SPARK POST

Adobe ha diseñado una herramienta para que compartas tu historia fácilmente. Creo que una parte importante de ser un DigCitKid, es ser capaz de no solamente decirle a los demás acerca de ti, ¡sino compartirlo!

Adobe Post, toma herramientas de diseño que encontramos en aplicaciones avanzadas y las simplifica, dando la oportunidad y el poder a los estudiantes para diseñar y crear gráficos hermosos y atractivos. Esta herramienta ayuda a los estudiantes a crear contenido de colaboración global en lugar de consumirlo. Pueden utilizar sus fotografías, propias o que hayan sido compartidas (selfies, paisajes, retratos) dentro de sus gráficos. Esto les ayuda a contar historias, tener un impacto positivo en su escuela, comunidad y el Mundo. Los alumnos pueden colaborar activamente y ampliar el alcance de sus voces. Aquí hay un ejemplo de un poema acróstico hecho por un estudiante.

ADOBE SPARK VIDEO

Como *hermano* de Spark Post, Adobe Spark Video ofrece a los DigCit-Kids la opción de contar su historia utilizando imágenes en movimiento, en lugar de gráficos estáticos. Los estudiantes pueden crear videos de alta calidad con esta herramienta.

¡Las películas y videos son maneras muy poderosas para compartir historias! Ofrecen una manera atractiva de comunicar el mensaje de una historia. En lugar de hacer búsquedas en YouTube, Vimeo, u otros servicios similares, los DigCitKids pueden redactar y colaborar para crear una historia corta utilizando Google Docs, para posteriormente producir una película usando Adobe Spark Video. En minutos, pueden combinar y compartir sus propios videoclips, fotografías e íconos que la misma herramienta provee, para de esta manera hacerlo más atractivo.

ADOBE SPARK PAGE

La tercera oferta en el paquete de aplicaciones de Adobe Spark, se llama Page. Adobe Spark Page, provee a tus estudiantes un espacio para redactar historias y compartirlas con sus compañeros de clase y amigos alrededor del Mundo.

Los DigCit Kids pueden crear diarios y componer historias y formas para compartir sus experiencias. La interfaz de Page, permite que los alumnos puedan agregar fácilmente contenido extra, como imágenes, gráficos y videos que hayan creado. Después ellos mismos pueden publicar su Page en internet, compartiendo una liga para que los demás puedan tener acceso. Alumnos de todas partes del Mundo pueden compartir sus Pages.

Las aplicaciones de Adobe Spark ofrecen a los DigCitKids una manera de convertirse en creadores de imágenes y videos. Se convierten en diseñadores y editores de su propio material impreso o medios digitales. Los estudiantes son fotógrafos, directores, editores y productores de su propio contenido. ¡Otras personas pueden ver y escuchar sus historias, cambiando su perspectiva de **consumidor** a **creador**!

¿Necesitas algunas ideas para utilizar en clase Adobe Spark? Puedes encontrar ejemplos y lecciones para Adobe Spark Post y Video, en la siguiente liga: https://edex.adobe.com/spark[3].

> *Ayuda a tus alumnos a **crear** en lugar de **consumir**. Sé el fotógrafo, director, editor y productor de tu propio contenido.*

Claudio es coordinador y consultor de tecnología educativa, con sede en el área de Dallas-Fort Worth, apasionado en fomentar la creatividad en el salón de clases y utilizar herramientas de creatividad para enriquecer experiencias de aprendizaje en el aula. Es Líder en Adobe Education, Alpha Squirrels, Embajador Flipgrid, Educador Certificado de Google y Asesor Comunitario.

Conecta con @ClaudioZavalaJr, para continuar aprendiendo junto a él.

---

1. https://iamclaudius.com/
2. "K–12 Digital Citizenship Curriculum Scope ... - CommonSense.org." https://www.commonsense.org/education/scope-and-sequence. Accessed 15 Dec. 2018.
3. https://edex.adobe.com/spark

CAPÍTULO NUEVE
¿A QUIÉN LE DIRÍAS QUE SÍ?

Amy Storer,[1] Estados Unidos

#MAKE200 (HASHTAG HAZ 200). Fue aquí donde todo comenzó para mí como una educadora conectada. Recién había creado mi primera cuenta de Twitter para el salón de clases; cuando llegamos a tener a nuestra seguidora #200, decidimos agradecerle a través de Twitter, era la doctora Julie Jones. Poco sabía que ese momento causaría una ola de impacto para mí y mis estudiantes.

Entonces leí el tweet a mis alumnos en voz alta.

"Acabo de terminar mi rutina de natación por la mañana. ¿Podrían dibujar una piscina con un perímetro de 200? ¿Cuál sería la unidad adecuada?"

Al escucharme, mis alumnos de cuarto de primaria, aún no creían que alguien a quien nunca habían visto en persona les estuviera pidiendo ayuda para resolver un problema de Matemáticas. Recuerdo escuchar a uno de mis alumnos decir: *"¿Crees que ella responderá algo?"*

Estaban tan motivados en responder esta pregunta solo para saber si la Dra. Julie Jones les respondería. Pensando en retrospectiva, con frecuencia me pregunto si ellos hubieran estado igual de motivados por responder la pregunta si se las hubiera hecho yo. Tal vez. He aquí lo que creo que hizo la diferencia para ellos. Ella era nuestra audiencia auténtica. Esto hizo una gran diferencia para mis niños. Era una experiencia tan significativa para ellos, que ansiaban tener más experiencias así. Ellos querían hacer ese tipo de conexiones, ¿quién era yo para interponerme en el camino?

Fue Julie quien *encendió la llama* para nosotros. Poco después de conocerla en persona, mis alumnos de cuarto grado trabajaron en conjunto con sus estudiantes universitarios en algunas ocasiones para mostrarles todo acerca de la realidad aumentada y administración de aulas. A pesar de que nosotros estamos en Texas y sus estudiantes universitarios en Carolina del Sur, ellos eran ya parte integral de nuestro salón de clases. Gracias a ella, estaba lo suficientemente motivada para llegar a otras personas que apoyaran a mis alumnos y sus intereses. Durante mucho tiempo, pensé que sería imposible conseguir a un experto que visitara a mis niños, pero lo peor que podría obtener por buscar y preguntar sería una respuesta negativa, ¿no? Fue entonces cuando pensé en buscar a los meteorólogos de la localidad, particularmente del área de Houston. Quería que mis niños conectaran con ellos para despertar su interés en explorar mapas sobre el estado del tiempo. Nunca tuve respuesta de nadie. Esto me desanimó. Entonces decidí buscar en YouTube un video acerca de los mapas meteorológicos y me topé con un video hecho por Ryan Davidson, el cual creó para su sobrina y sus compañeros de clase con el fin de que aprendieran más sobre el tema. Así decidí tomar un riesgo por mis estudiantes y lo busqué en Twitter. En menos de 48 horas, ¡me respondió! Tuve la oportunidad de conectarlo con mis alumnos y fue una experiencia inolvidable. En ese momento, no sabía dónde trabajaba Ryan, ¡pero pronto me di cuenta que trabajaba para el Weather Channel!

Entonces comprendí que sólo necesitábamos que alguien nos dijera que sí, y fue él quien lo hizo. Incluso realizó una visita a mi clase durante el siguiente ciclo escolar, cuando trabajaba para Weather Underground. Créanme que estaré por siempre agradecida con él por habernos dado ese tan ansiado sí.

Como facilitadora de Aprendizaje Basado en Proyectos (Project-Based Learning, PBL Facilitator), sabía la importancia de conectar a mis estudiantes con una audiencia auténtica. Una de mis primeras experiencias de Aprendizaje Basado en Proyectos en la que trabajamos estuvo inspirada por Kevin Honeycutt y Ginger Lewman. De no ser por Twitter, nunca hubiera conocido a Kevin o a Ginger, pues están ubicados en Colorado y en Kansas. Poco faltaba para alcanzar la unidad o el capítulo sobre el tema de las rocas y la tierra, así que me acerqué a ambos para pedirles apoyo para crear una experiencia significativa de Aprendizaje Basada en Proyectos para mis alumnos. No pasó mucho tiempo para que Kevin no solo nos respondiera con uno, sino con dos gráficos para que mis estudiantes eligieran con cuál trabajar. Una vez más, nos encontrábamos a muchas millas de distancia pero él fue alguien que dijo *sí* a mis estudiantes. Estaré siempre agradecida con él por darnos el *sí*. Mis alumnos fueron capaces de *hacer un viaje a Marte* y conectarse con un experto en suelo marciano. La experiencia fue completamente significativa y atractiva para ellos.

Incluso después que abandoné el aula para convertirme en coach instruccional para mi distrito, aún son las conexiones las que continúan haciendo un impacto y un cambio para mí como educadora. Ser un educador conectado es más que tener una cuenta de redes sociales. Es rodearte con personas que te ayudan a crecer y te enriquecen. No es solamente derribar tus paredes para conectar con otros estados, es además romper tus propias paredes para conectar con aquellos que están en tu mismo edificio. Todos tenemos tanto que compartir y grandes cosas por destacar. Aprecio de manera especial a estas personas que a pesar de estar con sus propias ocupaciones, dijeron *sí* a mis alumnos.

Y tú, ¿a quién le dirías que sí?

> *Convertirme en una educadora conectada es una de las mejores decisiones que he hecho. El primer paso que di fue crear una cuenta de Twitter y después seguir educadores que ya habían creado un impacto en mí. Ese pequeño paso me ha conducido hasta aquí. Así que toma ese paso y crea una cuenta de Twitter para conectar con aulas y educadores de todo el Mundo. ¡No te olvides de conectar con tu escuela, ciudad y estado!*

Amy Storer es coach instruccional y mentora en integración de tecnología, en Montgomery, Texas. Le encanta ser coach instruccional y trabajar junto a maravillosos educadores en la Escuela Elemental Keenan. Es una distinguida educadora que anima y motiva a otros a ir más allá del salón de clases, para hacer que el aprendizaje sea más inspirador y significativo. Su verdadera pasión es trabajar con otros educadores y empoderar a los estudiantes para que lleven a cabo y fomenten conexiones globales.

Conecta con @techamys, para continuar aprendiendo junto con ella.

---

1. https://linktr.ee/techamys

CAPÍTULO DIEZ
EL PODER DE LAS CARPETAS ESTUDIANTILES

Mandy Froehlich, Estados Unidos
Liderazgo, Innovación y Pensamiento Divergente[1]

Tenemos altas aspiraciones para nuestros estudiantes. Sabemos que cualquiera de ellos en cualquier momento pudiera ser la persona que encuentre la cura para el cáncer o invente el viaje a través del tiempo. Pero, en cambio, los enviamos a una vida sin estructura en la universidad, cuando tres meses antes tenían que pedir permiso para ir al baño y no se les permitía tener acceso a redes sociales en la escuela, y mucho menos se les enseñó cómo crear un cambio verdadero en el mundo utilizando su voz. Si queremos que los estudiantes cambien el mundo, necesitamos darles los recursos, el conocimiento y las habilidades para que sean capaces de escribir y hablar en dicho espacio.

Hace algún tiempo, cuando trabajaba en el aula como maestra, mis colegas enseñaban a sus estudiantes a crear sus carpetas en papel; yo en cambio tenía la idea de que cada uno de mis estudiantes las desarrollara en su propio sitio Google. Comenzábamos con el programa 1:1 en iPads y necesitaba dar mi mejor esfuerzo para aprender cómo hacerlo y llevar a cabo una exitosa integración con intención. Busqué en YouTube y descubrí cómo hacer una plantilla para un sitio, la compartí con mis estudiantes y les pedí que se pusieran metas y reflexionaran en partes de su trabajo de acuerdo con sus materias base, cómo funcionaban en nuestra comunidad escolar, y una meta personal. Mis alumnos hicieron todo lo que les pedí. Sin embargo, al final del año escolar, al volver a revisar sus carpetas, me di cuenta que el resultado no era exactamente lo que había imaginado, además no estaba del todo segura de cómo cambiar el formato de las carpetas digitales. El inconveniente era que me faltaban dos piezas clave: la experiencia y el propósito.

Mientras que el objetivo de todo maestro debe estar enfocado al aprendizaje del alumno, siempre he creído que los educadores continuamos aprendiendo y creciendo a medida que creamos experiencias de aprendizaje significativas para nuestros estudiantes. Una de las mejores formas de enriquecer el aprendizaje de los estudiantes, es enfocarse en el aprendizaje profesional, las reflexiones y las pasiones del educador. Así que, mientras este libro está enfocado a los DigCitKids, mi capítulo está enfocado desde la perspectiva del educador para mejorar la experiencia del estudiante. En mi experiencia, están tan íntimamente ligadas, que sería difícil separarlas.

DESDE LA PERSPECTIVA DEL PROFESOR

Sin contar la gran cantidad de voluminosas carpetas y escritos de reflexión que llegué a elaborar en mi programa pedagógico preuniversitario, en realidad nunca había realizado y conservado una carpeta profesional, mucho menos una en formato digital. No contaba con la experiencia de lo que ahora pedía que mis alumnos llevaran a cabo. No fue hasta que salí del salón de clases que comencé mi propia carpeta digital, y fue solamente a través de la retrospección que pude darme cuenta de lo que me faltaba. Una verdadera reflexión, aquella que debe ir en una carpeta estudiantil, necesita ser enseñada de manera explícita y, a su vez, ser practicada de manera repetitiva. Con frecuencia, pedimos a nuestros alumnos que sean reflexivos, pero nunca les enseñamos cómo hacerlo -es decir, enseñarles a percibir cómo suena nuestra cabeza mientras reflexionamos y cómo se siente cuando organizamos nuestras ideas e impulsamos nuestro pensamiento. No se trata de una actividad que sólo debe hacerse tres veces al año, y eso era precisamente lo que yo erróneamente estaba pidiendo a mis estudiantes. La capacidad de ser real y profundamente reflexivo se desarrolla con el tiempo, y solamente podemos enseñar a nuestros alumnos para que lo lleven a cabo de manera total cuando participamos nosotros mismos en las actividades.

La mayor parte del tiempo las personas hacen suposiciones acerca de mi relación con la escritura por mi blog -mi apartado reflexivo de mi carpeta profesional-; utilizan estas suposiciones como razones por las que yo sí puedo escribir, y ellos no pueden. Las suposiciones más comunes son:

El escribir es algo natural para mí

No es así. No fui una estudiante sobresaliente en escritura en la escuela, nunca escribí poesía cuando era niña, ni siquiera es un interés para mí. Escribo para sacar mis ideas y organizar mis pensamientos. No necesito ser apasionada de la escritura para entender que sirve para un propósito más elevado.

Estoy llena de ideas

No lo estoy. He perfeccionado mis habilidades escuchando conversaciones, estando atenta a lo que sucede a mi alrededor, y observando cuando mi pensamiento me da ideas para reflexionar. Llevo una lista de los pensamientos que de pronto vienen a mí. Esta es otra habilidad que he practicado.

No estoy ocupada

Estoy tan ocupada como el resto de la gente. Debido a que me he dado cuenta que la reflexión me ayuda de manera personal y profesional, es una prioridad, de esta forma es como hacemos tiempo para las cosas importantes para nosotros.

De lo que me he dado cuenta mientras reflexiono, es que organizo mis pensamientos de una manera que hace sentido escribirlos. Cuando los escribo, en realidad estoy creando lo que se denomina como *espacio mental*, pues saco fuera de mi cabeza los pensamientos que no están organizados. Este espacio mental me permite tener más tiempo para desarrollar mis ideas o resolver problemas que suceden en mi vida personal y profesional, además de eliminar el estrés de pensar excesivamente diferentes situaciones. Reitero, esto lo he tenido que llevar a la práctica de manera repetitiva para que funcione en mí de manera efectiva.

Finalmente, necesitaba reunir el coraje para compartir mi pensamiento con el Mundo y hacer pública mi carpeta. Con frecuencia, escucho a las maestras decir cosas como esta:

"¿Por qué alguien querría escuchar mis ideas?"

Sin duda, preguntas como ésta no nos da ningún resultado positivo. Cuando se trata de nuestros pensamientos e ideas profesionales, la pregunta debería ser:

"¿Cómo puedo retribuir en gran escala a mi comunidad profesional de aprendizaje todo lo que ha hecho por mí?"

Siempre habrá alguien que considere que tus ideas son creativas y novedosas, no importa lo redundantes o aburridas que te parezcan. Si queremos ser parte de una comunidad mundial de aprendizaje, necesitamos asumir nuestra responsabilidad y tomarnos en serio el dar algo a cambio a nuestra comunidad. Una manera es publicar una carpeta profesional donde tu red de aprendizaje personal pueda seguir tus ideas y pensamientos.

HABLANDO DE LOS ESTUDIANTES

Actualmente mi trabajo con los estudiantes es un ciclo completo, tiene experiencia y propósito. Yo misma he practicado lo suficiente aquello que les pido a mis estudiantes. En primer lugar, he encontrado un propósito por el cual pedirles que hagan su carpeta digital; además, entendí que mientras algunos de mis alumnos pueden ser más reflexivos que otros, la reflexión es una habilidad que no es inherente, necesita enseñarse y practicarse.

Además, mantener un portafolio o carpeta digital donde reflexionen regularmente les permitirá mirar hacia atrás y ver la diferencia con cada uno de los logros y avances que desarrollen en su pensamiento y escritura. Regularmente vuelvo a mis publicaciones originales y me siento un tanto avergonzada; sin embargo, son el *crecimiento y avance* las principales diferencias entre mi primera y última publicaciones. No es solamente una habilidad el enseñar a los estudiantes cómo han cambiado su pensamiento y escritura a lo largo del tiempo, sino que les muestra que el reconocer ese crecimiento es tan importante -si no es que aún más importante- que obtener una nota satisfactoria. En especial para aquellos alumnos que tal vez nunca lleguen a obtener un grado sobresaliente, o lograr un seis de calificación, el observar ese crecimiento y cómo han logrado desarrollarse, les da un motivo para celebrar y estar orgullosos.

Si queremos que los estudiantes cambien el mundo, necesitamos que sus ideas contribuyan para lograrlo. De otra manera, ellos perciben que su trabajo e ideas no marcan la diferencia en la vida de nadie más, salvo en el caso de sus maestros y solamente para obtener una nota o calificación por ello. En numerosas ocasiones, cuando los estudiantes contribuyen a gran escala, se considera como algo extra, como algo increíble que se haya logrado que los estudiantes participaran en su comunidad. En realidad, esto debería ser lo que se espera de ellos, pues los mismos estudiantes esperan ser y hacer la diferencia. Continuamente están viendo a otros ser el catalizador del cambio en YouTube o en internet. Necesitamos ser quienes les proporcionen el medio para comenzar a desarrollar y organizar sus ideas y pensamientos para que sean la base que necesitan y así puedan avanzar a tomar acciones.

CONSEJOS PRÁCTICOS PARA COMENZAR

Comenzar proyectos con mucha carga siempre es el mayor reto; sin embargo, son también aquellos que parecen tener un gran retorno de inversión, así como al final son lo que más valen la pena ver los resultados de todo el trabajo invertido.

A continuación encontrarás consejos para iniciar y mantener carpetas estudiantiles y profesionales.

Elige con cuidado la plataforma a utilizar

En el mundo educativo ideal, cuando se trata de carpetas o portafolios digitales, habría un sitio (gratuito) que albergue carpetas o portafolios correspondientes a las aulas, abarcando los grados K-12 (desde jardín de niños hasta Preparatoria). A partir de cuarto a octavo grado, habría que tener una interfaz de usuario más robusta. A partir del doceavo grado, podría cambiar para permitir que el estudiante lleve consigo todos los contenidos y trabajo desarrollados a lo largo de los años escolares y utilizarlos para su inicio en la universidad o bien continuar incluso con su reflexión después de graduarse de Preparatoria. Además, dicha plataforma tendría un componente de carpeta profesional adjunto, el cual estaría dirigido a los maestros. Aún tengo la misión de encontrar dicha plataforma, a pesar de haberme dirigido con numerosas compañías desarrolladoras de portafolios o carpetas educativas.

Profesionalmente, utilizo WordPress, donde es fácil crear y publicar, me da suficientes opciones para expandir mi portafolio o carpeta. Edublogs, funciona en la plataforma de WordPress y da al educador la capacidad de configurar y ver los blogs de los estudiantes desde un panel de control. El inconveniente de Edublogs con acceso a todas sus funciones profesionales, es que no es un recurso gratuito para nivel de distrito. Puede utilizarse de manera gratuita pero de manera limitada. Otro inconveniente con Edublogs, es que la interfaz del usuario no es tan amigable para que los pequeños la utilicen rápidamente. Si la parte inicial de la carpeta se configurara para los estudiantes, considero que Edublogs podría ser utilizada en cuarto grado, incluso probablemente a partir de tercero. Para estudiantes de Secundaria, el mayor beneficio de Edublogs es que su portafolio puede fácilmente exportarse a CampusPress (su versión para universidad) o WordPress, para que los estudiantes la lleven consigo después de su graduación.

Hay muchas otras opciones y sitios de dónde elegir. Bulb, es otro sitio que permite la organización del salón de clases, similar a Edublogs, pero no es gratuito. Muchos de los profesores en mi distrito han utilizado una combinación entre Seesaw, para los más pequeños, y posteriormente Google Sites. Aunque no es el ideal, es gratuito, y el Google Site puede ser utilizado por el estudiante mientras continúe en la escuela. Otra opción hecha por Google, sería Blogger, cuya ventaja es que el profesor puede ser nombrado como autor cada año y, por lo tanto, puede rápidamente tener acceso a cada carpeta o portafolio -una tarea un poco abrumadora para Secundaria, pero aún así funciona como solución.

Cuando se trata de elegir una plataforma, toma en cuenta que la tecnología cambia todos los días. Si bien es importante pensar en la plataforma que te gustaría utilizar, la plataforma no es tan importante como lo que crearás con ella y el aprendizaje que conlleva a medida que la utilizas. Lo que importa no es tanto la herramienta, sino cómo se utiliza.

Implementación

El primer paso es aprender cómo elegir la plataforma que vas a utilizar. Es decir, qué aspectos vas a tomar en cuenta para elegirla. Algo importante es familiarizarte con la manera en la que funciona el sitio, esto reduce la ansiedad de estar pendiente si la publicación salió en el momento previsto o si tiene el formato correcto. En mi experiencia, estos factores influyen para que el aprendizaje específico de la cartera o el portafolio se detenga. Sin embargo, todavía tienen que suceder dos piezas importantes del aprendizaje. Primero, se necesita enseñar a los estudiantes a sobrellevar el miedo y la ansiedad que viene de manera natural cuando comparten sus pensamientos e ideas de manera pública. El discutir estas ideas de manera abierta y expresar su diálogo interno serán de gran ayuda. Además, recomiendo el video *Obvious to*

You, Amazing to Others[2] (Obvio para tí, increíble para otros), de Derek Sivers, no solo para ser visto por los estudiantes, sino también para los maestros. En él se describe cómo nuestros sentimientos de manera natural nos hacen creer que nuestras ideas no son lo suficientemente buenas para compartir con los demás, y cómo en cambio los demás pueden encontrar que nuestras ideas son fascinantes, este es un gran paso para abrir el tema a discusión con los alumnos.

Después, el arte de la reflexión necesita enseñarse y practicarse. Se puede comenzar reflexionando en cosas simples como una tarea e irse adentrando en reflexionar sobre ideas aún más grandes. Moldear la reflexión de manera que nos permita organizar nuestros pensamientos y llegar a conclusiones acerca de cómo pensamos. ¿Cómo es que las cuestiones y temas en nuestro pensamiento muestran nuestros prejuicios? ¿Creencias? ¿Suposiciones?

Permite momentos para que los estudiantes reflexionen en lo que quieren reflexionar. Esto les permitirá una mayor participación a lo largo del proceso. Si todo en lo que reflexionan es solamente en las tareas asignadas por el maestro, pueden llegar a rechazarlo.

Finalmente, escribe tus pensamientos a medida que avanzas en el proceso de comenzar tu propio portafolio profesional; de esta manera, no olvidarás cómo comenzar. En ocasiones, en la medida que nos hacemos más adeptos a algo, olvidamos los desafíos que tuvimos al comenzar. En este caso, puede ser más difícil recordar lo terrible que fue presionar *"publicar"* en esa primera publicación que hicimos. Como maestros, queremos tener presente aquello que sentimos, de esta manera podremos entender a nuestros alumnos, ser empáticos y darles estrategias que utilizamos para que ellos puedan avanzar. Incluso puedes comenzar un Flipgrid[3] en el proceso, en el cual tanto tú como tus estudiantes puedan tener como referencia.

Mantenimiento

Desde un punto de vista profesional, a medida que tus ocupaciones aumenten, será todo un reto seguir adelante. Habrá ocasiones en donde simplemente no tendrás ganas de escribir y no parezca ser una prioridad. A continuación comparto algunos consejos para trabajar en esas ocasiones y puedas seguir adelante.

1. *Elige un objetivo de publicación que sea realista*: En mi caso, comencé publicando una vez al mes; posteriormente, cada tres semanas, y mejoré en mi manera de redactar, incluso ahora lo hago con mayor rapidez. Publicaba incluso más si podía. Ahora, publico una vez a la semana. Elige algo que funcione para ti. Si comienzas con un objetivo de publicar dos o tres veces por semana y no lo cumples, es más probable que renuncies a todo el proceso.
2. *Agrégalo a tu calendario*: Agrego tiempo para escribir a mi calendario para asegurarme de tener el tiempo para hacerlo y recordarlo.
3. *Escribe cuando puedas*: Si tienes algunas ideas y algo de tiempo, escribe varias publicaciones. Puedes mantenerlas como borrador. Incluso si solamente son las ideas principales de la publicación final, pues será más fácil de completar después. Si hay ocasiones en donde en una semana no tuviste el tiempo suficiente, estos escritos te ayudarán a tener material que puedes publicar.
4. *Escribe a lo largo del día*: Paso mucho de mi tiempo en el carro. A menudo utilizo el convertidor de habla a texto en un Google Doc, o dejo notas de voz propias en Voxer. Después, cuando estoy lista para publicarlo, regreso al Google Doc, lo edito y publico, o bien escribo el mensaje que dejé en Voxer. De cualquier manera, me permite utilizar mi tiempo de manera más eficiente en caso que no me encuentre frente a una computadora al momento que viene una idea para reflexionarla.
5. *Pon atención*: A cada conversación, experiencia y recuerdo, pues son oportunidades para tener una pieza para reflexión. Mantén una lista corta donde las describas en Google Docs o Keep, para tenerlas como referencia.

Tanto con las carpetas estudiantiles como con las profesionales, la consistencia es la clave. Publicar de manera regular hará que crezca la cantidad de lectores conforme salgan nuevas publicaciones, pues estarán a la expectativa de nuevos contenidos.

Muchas veces cuando pensamos en carpetas o portafolios digitales, nos enfocamos en los artefactos -prueba que demuestre el aprendizaje. Sin embargo, los artefactos no son el objetivo final; solamente deben ser uno de los temas de reflexión. La pieza de reflexión de una carpeta digital es lo que finalmente permitirá tanto a profesionales como a estudiantes observar nuestro pensamiento, buscar prejuicios y suposiciones, crear objetivos y buscar el crecimiento propio. Si pedimos a nuestros estudiantes que cambien el Mundo, necesitamos ser quienes les enseñen cómo se hace, las carpetas digitales son una de las plataformas que podemos darles para comenzar.

Si queremos que los estudiantes cambien el mundo, necesitamos que contribuyan con sus pensamientos en dicho espacio.

Mandy Froehlich, es Directora de Innovación y Tecnología de un distrito escolar, en Wisconsin, donde apoya e impulsa a los educadores a crear el cambio innovativo en sus aulas. Su pasión radica en revitalizar y volver a comprometer a los educadores con su profesión, así como dar el soporte necesario a los maestros en la búsqueda del pensamiento innovador y divergente.

Conecta con @froehlichm, para continuar aprendiendo a su lado.

---

1. https://mandyfroehlich.com/
2. https://www.youtube.com/watch?v=xcmI5SSQLmE&feature=youtu.be
3. "Flipgrid." https://flipgrid.com/. Acceso Junio 19, 2019

CAPÍTULO ONCE
VOCES DE LOS ESTUDIANTES EN UN AULA GLOBAL

JoAnn Jacobs, Hawaii

UNA COLCHA[1] está confeccionada con varias piezas de tela con distintas texturas, colores y diseños. Esta es la mejor manera en la que se me ocurre describir cómo ha sido mi aula durante los últimos cinco años, enseñando Ciencias Sociales en sexto grado. Cada año ha sido diferente; cada clase tiene su propia personalidad, su propia voz y distintos intereses.

Cuando pienso en este momento especial en mi vida, mis pensamientos siempre vuelven a la fuerza que he encontrado en la voz de mis estudiantes. Ellos decidieron lo que estudiaríamos y cómo se presentaría el aprendizaje tanto en el aula como ante un público auténtico, practicando continuamente la ciudadanía digital positiva. Vivir en medio del Océano Pacífico ha hecho que las conexiones establecidas fuera de nuestro salón de clases sean un punto crítico para el aprendizaje.

Una alianza de colaboración que realmente ha beneficiado a mis alumnos se hizo a través del Cuerpo de Paz. Intercambiamos videos y correos electrónicos con una pequeña escuela secundaria en Indonesia para ayudar a los estudiantes a practicar el idioma Inglés. En la época cuando ISIS (Estado Islámico) aparecía a diario en las noticias, nuestra colaboración trajo como resultado una perspectiva diferente de lo que significa ser musulmán.

Otra de las conexiones que hicimos fue a través de mi amiga Julie Hembree, una bibliotecaria que radica en Seattle, Washington. Nos pusieron en contacto con alumnos de cuarto grado en Lesotho, un pequeño país localizado en Sudáfrica. Nuevamente intercambiamos fotos y videos, incluso enviamos algunos libros, los cuales desafortunadamente nos fueron devueltos debido a que es casi imposible pagar por parte de la maestra una suma tan exorbitante de impuestos. Para solucionar esto, un grupo de niñas de sexto grado se ofreció para leerlos y grabarlos, posteriormente subimos los videos a nuestro canal de YouTube para compartirlos, con el fin de que todos los alumnos de diferentes partes del Mundo los tuvieran a su alcance.

Nuestro proyecto más grande y popular en años recientes involucra los Objetivos Globales de la ONU 2030. La investigación es una parte crítica del trabajo; por ello, una vez más la ciudadanía digital positiva es la clave. Una vez que seleccionan sus temas, los estudiantes necesitan asegurarse que su información es confiable y actual. Uno de los cuestionamientos que de manera continua sale a la superficie es cómo puede resolverse el problema. Continuamente discutimos y decidimos que el crear conciencia puede ser un buen primer paso. Así, durante las siguientes semanas utilizamos el proceso de diseño del pensamiento para desarrollar productos que enfocan cada problema.

Entre el proceso de diseño de pensamiento y las ventas, ocurrieron muchas otras cosas: construyeron prototipos, recibieron y aceptaron críticas; cada equipo defendía la opción elegida en una presentación tipo *Shark Tank*, ahorró quince dólares para comprar suministros en Walmart, mantuvo una hoja de balance e investigó una agencia para recibir ganancias; a la larga, se eligió el producto final, el cual se desarrolló y se preparó para la venta final, la cual tuvo lugar durante el período de almuerzo de los alumnos de escuela media, con grupos divididos en cinco días para que cada grupo tuviera un día para explicar su causa y vender lo que hicieron a los estudiantes y maestros.

Esto es solo un vistazo de cómo es la vida en mi aula global de sexto grado. Cada día es diferente. Algunos son mejores que otros, pero el objetivo que siempre permanece es el de ser buenos ciudadanos digitales conectándose con el Mundo.

En muchas ocasiones, al inicio los educadores se dan por vencidos porque se comprometen a cumplir algo más de lo que pueden lograr. Para crear colaboraciones globales, busca alguna que cumpla con las expectativas que tienes para el aprendizaje de los estudiantes y sigue con ello. Conoce a la persona con la cual estarás trabajando y mantén comunicación constante para que puedan desarrollar ideas en conjunto y alcanzar los objetivos que tienes para ti y tus estudiantes. Una vez que tienes una experiencia inicial, tendrás la capacidad de incrementar tu red de contactos para juntos construir proyectos de calidad.

JoAnn Jacobs enseña Ciencias Cociales a alumnos de sexto grado en Mid Pacific, en Honolulu, Hawaii. A lo largo de cuatro años, ella y sus estudiantes han aprendido acerca del Mundo a través de los Objetivos de Desarrollo Sustentable de las Naciones Unidas.

Conecta con @JoAnnJacobs68, para continuar aprendiendo junto a ella.

---

1. "Real Academia Española" https://dle.rae.es/?id=9k4vZuY . f. Cobertura de cama que sirve de adorno y abrigo. 2018
   Sinónimos: Edredón, cobertor, cubrecama, frazada.

CAPÍTULO DOCE
CONSTRUYENDO PUENTES, CONECTANDO AULAS

Oluwakemi Olurinola, Nigeria

Sin lugar a dudas, el Mundo se ha vuelto más interconectado. En un país en desarrollo, es imperativo el educar a nuestros estudiantes para que sean globalmente competentes, desarrollen habilidades y conocimientos para vivir, aprender y trabajar en esta aldea global.

Una de los mayores logros en mi experiencia como educador global y ciudadano digital lo obtuve cuando decidí unirme a la entonces Red de Aprendizaje para Socios Microsoft, ahora conocida como la Comunidad de Educadores de Microsoft. Ser parte de dicha comunidad global de educadores abrió mis horizontes y me expuso a mejores prácticas globales.

Comencé a conectarme con educadores alrededor del Mundo, construyendo una red de aprendizaje profesional diversa y dinámica. Esto llevó a la colaboración y con ello a crear más conexiones a través de otras redes sociales, siguiendo y haciendo seguidores. Otro logro importante para mí fue introducirme a Skype en el Aula, lo cual me dio la oportunidad de relacionarme con aulas y estudiantes alrededor del planeta, visitando lugares que prácticamente sería imposible sin la ayuda de la plataforma para el aula de Microsoft Skype.

A través de Skype, mis estudiantes y yo nos hemos embarcado en el aprendizaje del Mundo con el Mundo, lo cual me ha valido el reconocimiento de Educador Skype Master. Viviendo en un país con retos por la inadecuada infraestructura en las escuelas y la falta de una conectividad accesible a internet, armada sólo con una computadora portátil y un hotspot, he logrado romper las barreras y las paredes de mi aula, conectando estudiantes con aulas alrededor del planeta. La mayor satisfacción viene cuando en los rostros de los estudiantes hay un deleite especial, sobre todo cuando se dan cuenta durante la conexión que hay más semejanzas que diferencias con otros niños de diversas partes de la Tierra. Todo ello me impulsa a seguir haciendo estas conexiones a pesar de las dificultades que se nos presentan.

Haciendo conexiones, me puse en contacto con el Instituto de Ciudadanía Digital, en el Microsoft Experience Centre, en una conferencia ISTE. Mi mánager del Programa Skype me presentó a Marialice, quien visitaría mi país algunas semanas después de nuestro primer encuentro. A partir de esta reunión mi conectividad global creció aún más. Ser un ciudadano digital remueve límites territoriales, enfatiza los puntos en común y desafía a los estudiantes para que utilicen la tecnología para bien.

A medida que hacemos estas conexiones globales, nuestros estudiantes necesitan estar conscientes de lo que significa ser ciudadanos digitales y cómo navegar e interactuar de manera exitosa en el espacio digital. Hacer este tipo de conexiones y aprender acerca de la diversidad de las personas y culturas les ayuda a entender que los sistemas de valores - como el respeto, la amabilidad y la empatía- son muy similares y todos ellos son necesidades globales. Además, aprenden a apreciar las diferencias donde las hay. Como educadores, necesitamos educar estudiantes con una mentalidad global, pues los avances actuales en tecnología borran los límites entre los países y ahora lo que necesitan es aprender habilidades para conectarse de manera global.

SKYPE EN EL AULA

Skype en el Aula, ayuda a promover el aprendizaje conectado en un aula conectada. Es una comunidad en línea que permite a miles de educadores inspirar a la próxima generación de ciudadanos globales a través del aprendizaje transformador que se da en Skype.

LECCIÓN DE SKYPE

Las Lecciones de Skype, son lecciones específicas acerca de una materia en particular, dada por un experto en la materia. Normalmente se dan en un formato de presentación, con el orador hablando hacia la cámara, con la posibilidad de compartir su pantalla y formular preguntas y respuestas.

MYSTERY SKYPE

Mystery Skype, es un juego educativo que conecta dos aulas en algún lugar del Mundo. Los maestros saben dónde -y con quién- se conectarán; los estudiantes, no. El objetivo de Mystery Skpe, es localizar geográficamente a la otra clase. Los estudiantes deben hacer preguntas en formato Si/No para adivinar la ubicación.

INVITAR UN ORADOR

Los maestros pueden solicitar sesiones con oradores invitados si creen conveniente que por su experiencia y antecedentes serán de utilidad para reforzar la materia que enseñan.

EXCURSIONES DE CAMPO VIRTUAL

En las excursiones de campo virtual, los expertos *en el campo* llevan a los estudiantes a una experiencia específica de su localidad; tales expertos pueden ser, guías turísticos, exploradores, biólogos marinos, zoólogos y científicos, entre otros.

COLABORACIÓN SKYPE

Colaboraciones Skype, son proyectos o Lecciones Skype creadas por maestros para conectar su aula con otra aula alrededor del Mundo. Las Colaboraciones Skype pueden ayudar a llevar a cabo el aprendizaje global DIARIAMENTE, para que los estudiantes sean motivados a actuar de manera significativa para ellos. www.skypeintheclassroom.com

---

Rompe las paredes de tu aula, conéctate, colabora, invita a un orador a través de Skype, toma una excursión virtual, planea un Mystery Skype con alguna otra clase de otro continente, y aprende acerca del Mundo con el Mundo.

Creo que cada niño, independientemente de los ingresos de sus padres o sus antecedentes, puede beneficiarse del aprendizaje mejorado por la tecnología. Necesitamos proveer oportunidades a nuestros estudiantes para que transformen su vida, prepararlos para los retos del siglo XXI, brindándoles de todas las maneras posibles igualdad de oportunidades para que sean exitosos no solo en la escuela, sino en su vida.

Me gustaría y espero seguir construyendo redes de aprendizaje con personas de distintos sectores y países, para desarrollar competencia global, aprendizaje intercultural y analizar las posibilidades de conectividad y colaboración, haciendo sinergia para alinear las necesidades de competencia global entre sectores y países.

> *Ser un ciudadano digital elimina límites territoriales, enfatizando los puntos en común y retando a los estudiantes a utilizar la tecnología para el bien.*

Oluwakemi Olurinola es tecnóloga educativa, Microsoft Innovative Educator Fellow, Educadora Skype Master, Embajadora TeachSDGs, y asociada del Instituto de Ciudadanía Digital. Su método de enseñanza: Aprender acerca del Mundo con el Mundo, a través de una gran variedad de herramientas, conectando a sus estudiantes en Nigeria con otras aulas alrededor del planeta.

Conecta con @kolurinola, para continuar aprendiendo a su lado.

CAPÍTULO TRECE
APRENDIZAJE AUTÉNTICO

Tracy Mercier,[1] Estados Unidos

COMO EDUCADORES, tenemos la tarea de educar a las dos generaciones más grandes que han existido. La Generación Z y la Generación Alpha. Ambas han crecido con la tecnología, aunque de manera ligeramente diferente, creando así la brecha generacional más grande desde que los Baby Boomers aparecieron en escena. Mientras que la Generación Z -la última clase se graduará en 2028- continúa adaptándose rápidamente con la tecnología siempre cambiante, la Generación Alpha nació con un iPad -ambas llegaron en 2010. Mientras la mayoría de nosotros *tenemos la expectativa* de comunicarnos a través de un mensaje de texto, una videollamada o por las redes sociales, para nuestros estudiantes la tecnología es más que eso; *no* es una herramienta, sino una singularidad en su vida.

Nuestros estudiantes están constantemente conectados, el acceso global que la tecnología les provee no solo los ha convertido en la generación más inteligente que haya existido, sino también en la más empática. El acceso global les permite rápidamente expandir su conocimiento, conectarse de manera significativa con los demás, ser más conscientes de los problemas globales, generar y buscar soluciones -a edades cada vez más tempranas- y crear un impacto global. Será la generación más transformadora de la Historia. Ellos impulsarán el cambio en el Mundo.

Esto requiere por parte de nosotros repensar la educación de manera radical. Estamos en el camino correcto, sin embargo, aún tenemos mucho trabajo por hacer para involucrar a nuestros estudiantes de manera efectiva. Mientras muchas escuelas han incrementado sus adquisiciones en tecnología e integran su uso en el programa curricular, un alarmante 35 por ciento aún necesita tener acceso WiFi (Costanza, 2015).[2] Nuestros estudiantes quieren más que solo acceso a la tecnología. Necesitan más que solo utilizar juegos educativos en un dispositivo. Esperan más que solo escribir sus trabajos en Google Drive.

¿Cómo es que nosotros como educadores podemos apoyar los esfuerzos de impacto global de nuestros estudiantes?

- Crear ambientes 1:1 a través de adquisiciones o Bring Your Own Device (BYOD, Trae Tu Propio Dispositivo)
- Asegurar una conexión efectiva de WiFi que pueda soportar múltiples usuarios.
- Diseñar oportunidades de aprendizaje relevantes y significativas que utilicen la Tecnología de manera que rediseñen el aprendizaje.
- Permitir que los estudiantes *pirateen* la escuela, es decir, que diseñen sus propios proyectos, experiencias de aprendizaje, clases y especializaciones[3].
- Proveer de opciones a los estudiantes.
- Personalizar el aprendizaje.
- Incrementar los recursos tecnológicos.

¿Cómo se ve esto en acción? Invita a tus estudiantes a utilizar la Tecnología para resolver problemas de sequía o escasez de agua. Pueden convertirse en periodistas de investigación que descubren los problemas de la llamada *"Fast Fashion"* (Moda Desechable) y proponer alternativas rentables y civiles. Nuestros pequeños estudiantes pueden compartir a través de documentación digital lo mejor de ellos mismos como una manera de celebrar la diversidad y autoestima. Pídeles que

APRENDIZAJE AUTÉNTICO

compartan su voz y opiniones sobre las injusticias sociales -locales y/o globales- en chats de Twitter. Lo más importante es escuchar sus intereses y poner atención en cómo emplean la Tecnología.

Una de las grandes cosas que nos pueden ofrecer las redes sociales es la capacidad de crear conexiones con otras personas alrededor del Mundo; utilizarlas en el aula invita a los estudiantes a resolver problemas del Mundo real en el momento real. ¡Qué gran manera de demostrar empatía a la vez que utilizan habilidades de pensamiento crítico!

CÓMO COMENZAR

Elige una plataforma adecuada para la edad de tus alumnos y acorde con la disponibilidad de la Tecnología que tengas. Empatico, GoBubble y Seesaw, son excelentes plataformas para estudiantes menores de 13 años.

Empatico, conecta aulas alrededor del Mundo para compartir diferencias y semejanzas con experiencias de la vida cotidiana y el impacto que tienen en nosotros.

GoBubble, conecta estudiantes en una manera similar a Snapchat, Twitter e Instagram.

Seesaw, es una excelente plataforma para la carpeta estudiantil, donde pueden compartir su aprendizaje y a la vez aprender a hacer comentarios apropiados y constructivos de los trabajos de los demás.

Conecta cara a cara las expectativas y reglas que utilizarán en el mundo virtual. Crea nuevas reglas de comportamiento en línea con tus alumnos en el aula, que sepan que lo importante es cómo tratamos a las personas y cómo nos comportamos. Si la regla es tratar a los demás con amabilidad, entonces dicha regla debe ser enseñada, seguida y respaldada en el salón de clases y mientras se está conectado en línea.

Mantén el aprendizaje auténtico. Puede ser tentador crear lecciones que solo se enfoquen en ciudadanía digital, pero estas habilidades pueden y deben ser integradas en todo lo que hacemos cada día.

Tracy es Especialista en Biblioteca de Medios, en Connecticut Magnet Schoo; además, es Consultora en Aula Responsiva. Su objetivo de desarrollar comunicadores empáticos se extiende más allá de la Biblioteca del Centro de Medios, como la Creadora de Contenido en Jefe del Instituto de Ciudadanía Digital. Puedes seguir a Tracy en Twitter, Instagram y YouTube, como @vr2ltch, donde comparte más ideas para trabajar con niños.

Conéctate con @vr2ltch, para continuar aprendiendo con ella.

---

1. "vr2ltch." 21 Dec. 2018, http://www.vr2ltch.com/. Acceso Junio 21. 2019
2. "Educator Innovator | What Does It Mean to Be "Future Ready ...." 7 Apr. 2015, https://educatorinnovator.org/what-does-it-mean-to-be-future-ready-adaptable-for-starters/. Accessed 14 Jan. 2019.
3. "Pigzbe: Helps Kids 6+ Develop Great Money Habits by ... - Kickstarter." https://www.kickstarter.com/projects/primotoys/pigzbe. Accessed 14 Jan. 2019

CAPÍTULO CATORCE
DIGCIT, EN TODAS PARTES

Eugenia Tamez, México
Eduktech[1]

Ciudadanía digital en todas partes, a toda hora... Ser un ciudadano digital es ahora nuestra forma natural de vivir.

Escuché por primera vez acerca de la ciudadanía digital hace alrededor de seis años, fue de manera accidental mientras buscaba herramientas educativas para la escuela de mis hijas. Como madre de tres adolescentes, el empleo de dispositivos electrónicos como tablets, smartphones y videojuegos, comenzaba a ser parte de mi vida cotidiana. A medida que investigaba cómo educar a mis hijas en el uso de la Tecnología, me topé con un curso online (MOOC Massive Open Online Course) sobre un tema completamente nuevo, *Ciudadanía Digital*, creado por el Dr. Jason Ohler[2]. Me pareció interesante, así que me inscribí. A la par de esto, el director del plantel educativo donde estudiaban mis hijas la escuela Primaria y Secundaria, solicitó mi apoyo con el nuevo proyecto de introducir iPads y apps educativas en los grados de Secundaria. La consigna particular por parte del director era que lo asesorara en buscar apps y/o herramientas digitales que desarrollaran la creatividad en los alumnos, la colaboración y participación activa en clase. Fue ahí cuando tuve un momento de inspiración y creatividad y fundé

Eduktech, una empresa de investigación y consultoría que, entre otros servicios, ofrecería educación y formación en ciudadanía digital.

A medida que avanzaba mi investigación sobre cómo lograr que los estudiantes tuvieran apps que implicaran su participación en clase, me di cuenta que algo faltaba. Los estudiantes necesitaban algo más, no solamente tener en sus dispositivos las mejores apps, programas o herramientas educativas para apoyarlos en su aprendizaje. Necesitaban además aprender a utilizar la Tecnología de manera creativa, responsable e inteligentemente. Necesitaban aprender a ser ciudadanos digitales.

Así que me dirigí con el director de la escuela, quien no mostró gran interés por agregar ciudadanía digital al programa curricular o por lo menos permitirme hablar y compartir con los maestros o alumnos sobre ciudadanía digital. Ante sus ojos, desde su perspectiva, solamente había creado un nuevo dilema y la escuela no se haría responsable de dicha parte de la educación tecnológica de los alumnos.

Sin embargo, no es así. ¿De quién entonces necesitan aprender los niños sobre ciudadanía digital? Algunos dirán que es parte de la paternidad actual; otros dirán que es responsabilidad del sistema educativo base, es decir, de los grados K-12. La realidad es que la ciudadanía digital es tan amplia, que **padres de familia, educadores y líderes de la comunidad** necesitan formar parte de ello y tienen parte de la responsabilidad.

La ciudadanía digital es nuestra nueva forma de vivir, simplemente porque el uso de la tecnología es parte de nuestra vida diaria. No importa si nuestros hijos están en la escuela, en casa, con amigos o a solas, necesitan saber cómo navegar con seguridad en internet. Necesitan aprender a respetar los derechos de autor y cómo interactuar responsablemente con otros cibernautas. Además, necesitan saber cómo marcar la diferencia utilizando internet y las herramientas que la era digital nos ofrece, todo ello en beneficio de la humanidad.

Necesitamos guiar y formar a las nuevas generaciones en aspectos importantes como:

- Entender que la Tecnología nos ayuda a llevar a cabo conexiones importantes digitalmente; si no se utiliza sabiamente, nos desconecta de nuestros seres queridos y nuestras conexiones en la vida real.
- Utilizar la Tecnología también es administrar el tiempo que estamos inmersos en ella, necesitamos ser capaces de determinar cuáles actividades en donde utilizamos la Tecnología merecen nuestro tiempo. No todo el tiempo de pantalla tiene el mismo valor.
- Entender los derechos y las responsabilidades que conlleva el uso de la Tecnología.
- Entender que nosotros mismos construimos nuestra huella digital; nuestros niños la están formando y dicha huella digital será quien los represente en el Mundo.
- Entender incluso que nosotros como padres hemos comenzado a formar SU huella digital con cada publicación que hacemos en referencia a ellos.

Internet, Inteligencia Artificial, redes sociales, Realidad Virtual, todas estas nuevas formas de conectividad nunca se habían utilizado en los contextos familiares y educativos hasta hoy. En el contexto educativo tenemos el gran reto de implementarlas e incluirlas de manera efectiva. En el contexto humano, estamos aprendiendo a utilizarlas e incluirlas en nuestra vida cotidiana, nuestro esfuerzo consiste en hacer que todas estas tecnologías digitales nos ayuden a formar el mundo que todos queremos. Todo está cambiando y es urgente para nosotros hacer que el uso de la Tecnología sea más humano. Todo esto puede sonar aterrador e incluso amenazante, sin embargo, no tiene que ser así. Podemos modificar nuestra manera de pensar y verlo como una gran oportunidad. No tengamos miedo, es nuestra responsabilidad educar y guiar a las nuevas generaciones para responder a la era digital.

Sobre todo, necesitamos comenzar y hacer la Tecnología más humana, y no cometer el error de quitar el lado humano de la Tecnología.

En México, de manera particular, espero que a medida que el uso de la Tecnología va incrementando, también incremente el interés por la práctica y el conocimiento de la ciudadanía digital. Las nuevas generaciones están interesadas en el uso positivo de la Tecnología, pero necesitamos proveer esta información para educar y llegar a la mayor cantidad de personas posible. Esto no es fácil en un país donde muchas de las necesidades básicas no son satisfechas en todos los niveles sociales, sin embargo, la Tecnología también puede utilizarse para brindar apoyo a las comunidades más necesitadas. Con el uso positivo de la Tecnología, las nuevas generaciones pueden sobresalir y contribuir para tener un México mejor.

> *Humanizar a las generaciones digitales es algo que necesitamos hacer todos los días. No importa dónde vivas ni cuál idioma hables, la ciudadanía digital se trata de crear conexiones humanas positivas en internet.*

Eugenia Tamez es fundadora de Eduktech, y madre de tres hijas adolescentes. Es apasionada de la Tecnología educativa y la ciudadanía digital. Como consultora, está llevando a México hacia una nueva perspectiva con respecto al uso positivo de la tecnología educativa y la ciudadanía digital en escuelas, empresas e instituciones públicas.

Conecta con Eugenia en @etamez y @eduktechmx para continuar aprendiendo con ella.

---

1. https://eduktech.net/
2. Jason Ohler Free MOOC on Digital Citizenship » D & D Tech." 10 Jan. 2014, http://www.jasonohler.com/wordpressii/ . Acceso Junio 25, 2019

CAPÍTULO QUINCE
UN MUNDO, UN AULA

Bronwyn Joyce, Australia
Our Global Classroom (OGC, Nuestra Aula Global)[1]

Vivimos en un mundo donde la educación representa el futuro de sus sucesores.

Como educadores, enseñar nos permite cambiar la vida de los niños, hacerlos ciudadanos de bien; enseñarlos a ser empáticos y prepararlos para el futuro.

Hay un gran planeta esperando a ser explorado. Si como educadores no innovamos el currículo e integramos el Mundo a las aulas, algunos de los niños nunca jamás sabrán que hay un Mundo ahí afuera, al cual pueden pertenecer.

Nuestra Aula Global.

ESTE PENSAMIENTO CATAPULTÓ mi pasión para globalizar mi propia aula con otras alrededor del Mundo. Traer el Mundo al salón de clases permite a los estudiantes construir una agencia estudiantil, ampliar sus voces y prepararse para el futuro.

Todo esto comenzó para mí cuando la Tecnología llevó mi aula a lugares que nunca hubiera esperado o imaginado. Mis estudiantes eran artistas del mundo del Skyping, como Joel Bernger[2], quien utiliza su Arte para conectarse con campos de refugiados. También leían libros relacionados con solicitantes de asilo y monitoreaban los trayectos de los refugiados en todo el planeta. Asimismo, participaron y fueron líderes de proyectos globales a través de International Education and Resource Network (IEARN)[3] y otras plataformas globales.

Como educadores, necesitamos impulsar a nuestros estudiantes para que sean líderes de su propio aprendizaje. Para mí, esto fue un gran paso, comencé simplemente utilizando medios digitales para crear *Mira y Aprende*[4], tareas cotidianas para ayudar a crear hábitos de pensamiento crítico. Cada semana, les asignaba a mis estudiantes una tarea en particular, la cual estuviera ligada a una imagen global con preguntas abiertas. Durante la clase, trabajamos en sesiones de alfabetización comentando en un blog. Esta actividad crea un momento importante de aprendizaje ligado directamente con la ciudadanía digital, pues a los estudiantes se les necesita enseñar de manera explícita cómo deben comentar en un blog, de otra forma, es como si les estuviéramos dando permiso para responder de manera inapropiada.

Los *Mira y Aprende* son tan sencillos como el siguiente ejemplo. Tomando un video o imagen global, agregando preguntas de pensamiento crítico, mis estudiantes se involucraron con problemas del mundo real en clase sin que se dieran cuenta. A la par seguí el programa curricular haciendo estas tareas en sesiones de lectura y escritura. Los niveles de compromiso que resultaron en mis estudiantes se incrementaron rápidamente debido a su curiosidad sobre lo que estaba sucediendo en el Mundo.

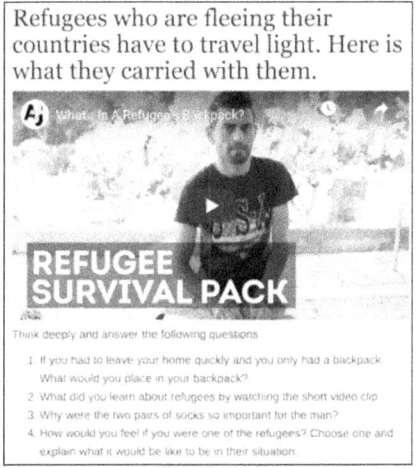

Invita al Mundo a tu aula comenzando un blog. Comienza publicando una tarea de "Mira y Aprende" para tus estudiantes.

En 2015, Naciones Unidas lanzó una nueva campaña para crear conciencia sobre los problemas que ocurren alrededor del Mundo y mantener su desarrollo. Las Naciones Unidas identificó 17 Objetivos Globales[5], con el objetivo de alcanzar estos logros para el año 2030. No tenía idea de los Objetivos Globales hasta el 2017, cuando los encontré mientras actualizaba mi programa curricular con recursos globales. Mis estudiantes ya abordaban los grandes problemas a los que se enfrenta el Mundo a través de nuestro trabajo en *Mira y Aprende*, así que fue fácil integrar los Objetivos Globales y hacer que los estudiantes desarrollaran un llamado a la acción.

Entré en contacto con Mareike Hachmer[6], apasionada por los Objetivos Sustentables, quien ya había preparado recursos que apoyan a las aulas a comenzar su experiencia. Su trabajo solo hizo más simple la integración. Necesitaba comenzar haciendo que los estudiantes prepararan sus 17 objetivos propios. Si iban a comprender los objetivos que las Naciones Unidas querían que alcanzaran, necesitaban entender a su vez los problemas que el Mundo enfrenta. Así que decidí utilizar algo de psicología a la inversa en mi salón de clases, pedí a mis alumnos que hicieran una lista de los problemas más graves que suceden hoy en el Mundo, para que posteriormente crearan 17 objetivos para resolver los problemas que habían identificado.

Usando el siguiente modelo desarrollado por Mareike Hachemer, mis alumnos propusieron metas u objetivos que yo ni siquiera hubiera considerado, tales como seguridad en el hogar, proteger a los niños, amistad y no pelear. El Mundo enfrenta todos estos problemas, pero los niños a los cuales yo enseñaba estaban experimentando sus propios problemas día con día. Me di cuenta que necesitaba trabajar aún más, así como reconocer que estos objetivos encajaban perfectamente con los objetivos sustentables.

Trabajando con el Instituto de Ciudadanía Digital y colegas internacionales alrededor del Mundo, diseñé tareas, me reuní con expertos y promoví el trabajo de mi clase a través de redes sociales. Desafíe los protocolos de distrito en diferentes países, apoyé a que los estudiantes hicieran campañas en sus escuelas, tenía personas alrededor del Mundo hablando de estos objetivos. Estaba sucediendo, ¿pero quién era el líder en todo esto? Mis estudiantes. NO era yo, sino los niños a los que les estaba enseñando.

Nuestra Aula Global, que es como mi clase se hace llamar a sí misma, ha visto estudiantes escribir reportes acerca de los objetivos, hacer videos utilizando Flipgrid para dar a conocer sus ideas con personas alrededor del Mundo acerca de temas globales, y escribir tweets con mensajes y pancartas para que los líderes del mundo puedan escucharlos. Estos niños fueron los que hicieron cambios, y estaban siendo los líderes de su propio aprendizaje para que otros siguieran su ejemplo. Los estudiantes de Nuestra Aula Global estaban inventando, innovando, haciendo campaña, y siguiendo el ejemplo de los Objetivos Sustentables de las Naciones Unidas.

En el 2018, Nuestra Aula Global (OGC, Our Global Classroom) rompió barreras alrededor del Mundo. El Flipgrid de OGC[7], alberga más de 50 tareas vinculadas a los Objetivos Sustentables de las Naciones Unidas. Gracias a los copilotos Michael Drezek y Malinda Hurts, cerca de 200 mil personas han tenido interacción con nuestra red, y educadores de todas partes del Mundo utilizan estas tareas para promover el pensamiento crítico en sus aulas.

Necesitamos unirnos, compartir nuestra pasión. Hay una gran cantidad de soldados solitarios trabajando en escuelas alrededor del Mundo, tomando riesgos con el aprendizaje, permitiendo que los estudiantes compartan sus ideas, creando un cambio. Mi comentario para todos es que continúen haciendo lo que hacen. Empujen barreras, otorguen oportunidades a los niños para explorar el Mundo y tráiganlo hacia ellos porque puede ser que gran parte de nuestros alumnos nunca lo verán por sí mismos.

Nuestro trabajo seguirá, nunca acabará; cada día sucede algo nuevo que será inspiración para nuevos pensamientos. Apoya a tus alumnos para que estén Listos para el Futuro, llevando el aprendizaje más allá de los límites físicos del salón de clases y fomentando que sean líderes de sus propios proyectos de colaboración global.

Mientras reflexionamos sobre mis propias palabras, comencé el capítulo de la siguiente manera:

Vivimos en un mundo donde la educación representa el futuro de sus sucesores.

Como educadores, enseñar nos permite cambiar la vida de los niños, hacerlos ciudadanos de bien; enseñarles a ser empáticos y prepararlos para el futuro."

Únete al Flipgrid de OGC y comparte tu voz con el Mundo a medida que de manera colectiva resolvemos juntos los problemas más desalentadores a los que se enfrenta el planeta.

Bronwyn es maestra en Traralgon, Australia, especialista en Innovación Curricular y en ofrecer programas de capacitación; vinculada al pensamiento crítico y creativo, lleva el Mundo a las aulas. Defensora de Objetivos Sustentables de las Naciones Unidas y creyente de que vivimos en un Mundo donde todos deberíamos aprender juntos. En "Nuestra Aula Global", su misión/objetivo es muy simple: Un Mundo, un aula.

---

1. "Our Global Classroom – One World One Classroom." https://ourglobalclassroom.com/. Acceso Junio 24, 2019..
2. "Joel Artista | Joel Artista: nomadic artist, educator & advocate for social ...."Acceso Junio 24, 2019 https://joelartista.com/
3. https://us.iearn.org/ Red Internacional de Educación y Recursos. Acceso Junio 24, 2019
4. "Look to Learn – Our Global Classroom." 19 Nov. 2018,https://ourglobalclassroom.blog/category/look-to-learn. Acceso Junio 24, 2019.
5. "The Global Goals." 9 Sep. 2018, https://www.globalgoals.org/. Acceso Junio 24, 2019.
6. TEDx Talks. "Empowering Educators for the Global Goals! | Mareike Hachemer | TEDxHeidelberg." YouTube, YouTube, 4 Jan. 2017, www.youtube.com/watch?v=u5OcbNTqbM4&feature=youtu.be
7. "Flipgrid - Video for student engagement and formative assessment." https://flipgrid.com/whatif. Acceso Junio 24, 2019.

CAPÍTULO DIECISÉIS
PENSAMIENTOS FINALES

AHORA PENSEMOS EN EL FUTURO.

Con las tecnologías emergentes -como la realidad aumentada, la realidad virtual, la realidad mixta, el aprendizaje a través de las máquinas y la inteligencia artificial-, nuestro Mundo cambia a un ritmo tan acelerado que necesitamos preguntarnos si estamos preparando a nuestros niños y estudiantes para su futuro[1]

¿Estarán preparados **nuestros** estudiantes?

Depende de nosotros asegurar que estén preparados como Ciudadanos Digitales Responsables. Este es el por qué, en un mundo interconectado, la ciudadanía digital es responsabilidad de todos.

Nuestra gran conclusión después de haber leído todas estas valiosas contribuciones es que necesitamos estar dispuestos para aprender uno junto al otro. Todo lo que necesitamos hacer es proveer las oportunidades e invitar a otros a tener esta conversación crítica en casa, en la escuela y el trabajo. La manera más fácil de comenzar es *con* los estudiantes, colegas, miembros de la familia y otros miembros de la comunidad.

Necesitamos volver a pensar en la manera en la que aprendemos, *desaprendemos*, enseñamos y formamos como padres de familia, y cómo podemos integrar perspectivas de empatía, emprendimiento, inclusividad e innovación en nuestra vida cotidiana. Esperamos que los consejos expuestos a lo largo de este libro sean de utilidad para ti y puedas comenzar a explorar las maneras en las que puedes integrar estas habilidades, actitudes y perspectivas en tu rutina diaria. Lleva el mensaje de DigCitKids y compártelo experimentando la ciudadanía digital e invitando a otros a que se unan a tu red.

Estamos juntos en esto. No importa el idioma que hables, dónde vives ni cuál religión practicas, la ciudadanía digital es crear comunidad y ser oportunidad de inspirar y empoderar a otros a tomar acciones y convertirse en promotores de cambio en sus propias comunidades, porque una vez que logras un impacto local en tu propio patio trasero, generas un efecto dominó que influye en comunidades globales y digitales.

Ahora bien, ¿cómo crearás un DigCitImpact (Impacto de Ciudadanía Digital) en casa, en la escuela y el trabajo?

---

1. https://www.youtube.com/watch?v=HF-a-UmoRt4

DEDICATORIA

1. PLN, Personal Learning Network, por sus siglas en inglés. Red Personal de Aprendizaje, es un conjunto de herramientas, procesos mentales y actividades que permiten compartir, reflexionar, discutir y reconstruir conocimientos con otras personas, así como las actitudes que propician y nutren este intercambio. https://es.wikipedia.org/wiki/Red_personal_de_aprendizaje

2. MejorJuntos, por su significado en inglés

PREFACIO

3. DigCitKids, por su significado en inglés, se refiere al resultado de la abreviación de Dig=Digital, Cit=Citizenship, Kids=Niños. Ciudadanía Digital, hecha por niños para niños.

4. TEDx Youth: En inglés: *Technology, Entertainment, Design*), es una organización sin fines de lucro estadounidense, dedicada a las "Ideas dignas de difundir" (del inglés: *Ideas worth spreading*). Los TEDx, son congresos organizados de manera independiente bajo una licencia exclusiva de TED. Youth, se refiere a jóvenes. Las licencias para TEDx-Youth, pueden ser otorgadas para que se lleven a cabo por jóvenes, adultos o una combinación de ambos. Para eventos que se lleven a cabo en escuelas, la licencia debe ser otorgada a un estudiante activo, miembro de la facultad o staff. https://www.ted.com/participate/organize-a-local-tedx-event/before-you-start/event-types/youth-event

5. DigCitImpact, por su significado en inglés, se refiere a Dig=Digital, Cit=Ciudadanía, Impact=Impacto; cuando la ciudadanía digital es integrada en todo lo que hacemos, cambiando formas de pensar a través de una mentalidad empática, emprendedora, inclusiva e innovadora.

6. ISTE, por sus siglas en inglés, International Society for Technology in Education. Sociedad Internacional para la Tecnología y Educación. https://www.iste.org/

7. https://www.facebook.com/AfricasNextCEO/

DIGCITKIDS: NUESTRA HISTORIA

8. Instituto de Ciudadanía Digital, dedicado a promover la práctica de la ciudadanía digital en el uso de la tecnología de manera local, global y digital (Digital Citizenship Institute) http://www.digcitinstitute.com/ Acceso: Julio 9, 2019.

9. VOXER: Aplicación que permite comunicarnos utilizando nuestro teléfono como si fuera walkie talkie; además, se puede compartir imágenes, mensajes de texto. https://www.voxer.com/

10. https://sites.google.com/a/gonevr2l.com/theexplorerssite/home

11. "The Utter Joy of Curiosity - Marialice B.F.X. Curran - WordPress.com"https://mbfxc.wordpress.com/2011/04/03/the-utter-joy-of-curiosity/

12. Curran, Marialice BFX, y Regina G. Chatel. "Virtual mentors: Embracing social media in teacher preparation programs." Pedagogical applications and social effects of mobile technology integration. IGI Global, 2013. 258-276.

13. https://sites.google.com/a/gonevr2l.com/theexplorerssite/home/lostering-with-our-friend-jerry-pallotta

14. https://es.wikipedia.org/wiki/Geocaching y https://www.geocaching.com/play

15. Wikipedia. (2005). Julio Verne. 2019, de Wikipedia Sitio web: https://es.wikipedia.org/wiki/Julio_Verne

16. Marialice Curran, PhD. (2013). The Tweet Seen Around The World. Mayo 6, 2013, de N/A Sitio web: https://mbfxc.wordpress.com/2013/11/01/the-tweet-seen-around-the-world/

17. Curran Dee. (2016). Around the World With Curran . 2019, de N/A Sitio web: http://aroundtheworldwithcurran.blogspot.com/

18. "How to Write a Quality Comment! - You Tube" 9 Oct, 2010, https://www.youtube.com/watch?v=UDVSw54VU1A Acceso Mayo 7 2019.

19. "Comments4Kids" 20 Feb, 2016, http://comments4kids.blogspot.com/

20. "Connected from the Start - Primary Preoccupation -Kathy Casidy" http://kathycassidy.com/2019/02/05/connected-from-the-start-is-now-free/

21. "Around the World with Curran: Animals in the Rainforest". Mayo 28, 2014, http://aroundtheworldwithcurran.blogspot.com/2014/05/animals-in-rainforest.html

22. "Total Trust" - Marialice B.F.X. Curran -WordPress.com" https://mbfxc.wordpress.com/2011/08/27/total-trust/

23. DigCitSummit, se refiere a la Cumbre de Ciudadanía Digital. Por sus significado en inglés, las abreviaturas Dig, Digital, Cit, Citizenship. https://www.digcitinstitute.com/summit.html

24. "Timmy Sullivan #GreenNewDeal (@TimmySull1van) Twitter https://twitter.com/timmysull1van

25. "Historia de Tyler Clementi- Fundación Tyler Clementi". https://tylerclementi.org/tylers-story/

26. Dinosaurios y Tiaras, enfrentando la intolerancia. "Dinosaurs and Tiaras: Facing Intolerance Marialice B.F.X. Curran" 27 de abril 2011, Dinosaurs and Tiaras: Facing Intolerance https://mbfxc.wordpress.com/2011/04/27/dinosaurs-or-tiaras-facing-intolerance/

27. Proyecto de Skype y Twitter para estudiantes de Preparatoria "High School Skype and Twitter Project Request, May 13, 2011 https://mbfxc.wordpress.com/2011/05/13/high-school-skype-and-twitter-project-request/

28. #iCit21 - YouTube, 9 de Febrero 2012 https://www.youtube.com/watch?v=vgmZLXQLNPQ

29. Primer Encuentro de iCiudadanos de Town Hall "CT-N: iCitizenship Town Hall Meeting on Bullying at St. Joseph College" https://ct-n.com/ctnplayer.asp?odID=7450

30. Cumbre de Ciudadanía Digital en Nigeria, archivos del evento en: http://www.digcitinstitute.com/digcitsummitng127475127468.html

31. Lectura en Voz Alta Alrededor del Mundo "The Global Read Aloud" https://theglobalreadaloud.com/

32. Sesiones realizadas a través de Skype, donde los alumnos en el salón de clase y guiados por los maestros en diferentes partes del Mundo se conectan para aprender sobre algún tema en particular

33. "Marialice B.F.X. Curran, Ph.D. on Twitter: "Absolutely! When ...." 13 Nov. 2018, http://twitter.com/mbfxc/status/1062367544504475649

34. "Lessons Learned Going Device Free #digcit | - Marialice B.F.X. Curran."

https://mbfxc.wordpress.com/2016/06/06/lessons-learned-going-device-free-digcit/

35. My Wish: Digital Access For All Students Everywhere

(2016, Mayo 26). https://www.youtube.com/watch?v=dJjR8GWXXKA

36. Digital Government Strategy | US Department of Transportation." 3 Aug. 2018,

https://www.transportation.gov/digitalstrateg

37. December is DigCitKids Approved #digcit4kidsbykids #bethatKINDofkid." 2 Dec.

2017, https://medium.com/@digcitkids/december-is-digcitkids-approved-

digcit4kidsbykids-bethatkindofkid-ab99e57f534a.

38. "Learning Together: DigCitKids & Cyber Seniors | #DigCitUtah." https://

digcitutah.com/digcitkids-cyber-seniors-learning-together/

39. Proyecto de Intercambio del Habla https://www.youtube.com/watch?v=-S-5EfwpFOk

40. DigCitInstitute Digital Citizenship Institute, traducción Instituto de Ciudadanía Digital https://www.digcitinstitute.com/

41. K-12. Se refiere a la designación utilizada en los sistemas educativos

para referirse a los años escolares desde jardín de niños (K), hasta el último grado (12)

42. El Futuro del Trabajo: ¿Nuestros Niños Estarán Preparados? https://www.youtube.com/watch?time_continue=1&v=HF-a-UmoRt4

43. https://docs.google.com/presentation/d/1xHWwn0Cp_Ab22WF8E1B0KJep7LkY0Ns4yEsDyQPTLVI/edit#slide=id.g46819e7cc5_0_93

44. https://docs.google.com/presentation/d/1DIX2qd-RbZP-k1_XnngswNLLyBLZ4Jxy44lNmQAsEWHo/edit#slide=id.g255aee7188_0_6

45. Libre de Bolsas de Plástico los Pantanos de Houston. "Petición · Mayor Sylvester Turner and City Council of Houston: Bag ." https://www.change.org/p/mayor-sylvester-turner-and-city-council-of-houston-bag-free-bayous-houston.

PADRES Y MADRES CONECTAD@S

46. https://www.iwomanish.com/

47. According to the FBI, Knives Kill Far More People ... - The Daily Caller." 19 Feb. 2018, https://dailycaller.com/2018/02/19/knives-gun-control-fbi-statistics/

1. LA GRAN FAMILIA DIGITAL HINDÚ

48. "SDG teaching tools & child-friendly materials | The 2030 Agenda for ...." https://www.unicef.org/agenda2030/69525_82235.html.

49. https://www.youtube.com/watch?v=fy5We4La11c

50. Traducción del hashtag: Derechos Humanos y Objetivos de Desarrollo Sostenible, link en Twitter https://twitter.com/search?q=%23HumanRightsAndSDGs

51. Traducción del hashtag: Campaña ecológica de Objetivos de Desarrollo Sostenible, link en Twitter: https://twitter.com/search?q=%23SDGsGreenCampaign%20&src=typd

52. Traducción del hashtag: Mantén viva la esperanza, link en Twitter: https://twitter.com/search?q=%23KeepTheHopeAlive&src=typd

53. Traducción del hashtag: Un minuto con Objetivos de Desarrollo Sostenible, link en Twitter: https://twitter.com/search?q=%231MinuteWithSDGs&src=typd

54. Traducción del hashtag: Carteles para promover Objetivos de Desarrollo Sostenible, link https://www.sdgsforchildren.org/awareness-campaign-through-poster.php

55.Traducción del hashtag: Historias sobre Objetivos de Desarrollo Sostenible, link en Twitter https://twitter.com/search?q=%23SDGsStories&src=typd

CIUDADANÍA DIGITAL ES CIUDADANÍA GLOBAL

56. https://blogs.glowscotland.org.uk/fa/mrsjalland

57. https://sway.office.com/Rh3QGqWio3PHfZzJ?ref=Twitter

58. Traducción #whydoresearch, Por qué investigamos.

59. https://www.youtube.com/watch?v=1ek0JGO4HRM&feature=youtu.be

60. https://sway.office.com/DMWzk2WfF96pieMe

61. https://sway.office.com/CVsezVUAxZzyL71J

62. https://sway.com/Rh3QGqWio3PHfZzJ?ref=Link

SE LLEVA A CABO

63. http://spartansocialstudies.blogspot.com/

64. https://www.youtube.com/watch?v=BTMIryyR-nI&t=2s

65. https://www.google.com/maps/d/u/0/

66. https://flipgrid.com/

67. Positivamente sociales https://www.youtube.com/watch?v=BTMIryyR-nI&t=2s

CENTRO DE AYUDA PARA ESTUDIANTES

68. https://www.youtube.com/watch?reload=9&v=L5fwFTuAjek&feature=youtu.be

CONSTRUYENDO CIUDADANOS EN MINECRAFT

69. https://michaeldrezek.com/

70. Aernout. "Minecraft Sales Reach 144 Million Across All Platforms; 74 Million Monthly Players." *Wccftech*, Wccftech, 22 Jan. 2018 wccftech.com/minecraft-sales-144-million/

71. En Minecraft, se refiere al acto de irritar o hacer enojar a las personas en videojuegos por haber destruido, construido o hecho uso de la ingeniería social. https://minecraft.gamepedia.com/Tutorials/Griefing

72. https://coderdojo.com/foundation/

73. https://stateoftheart.creatubbles.com/2016/09/22/a-journey-into-creativity-with-creatubbles-and-minecraft/

74. The Elementia Chronicles #1: Quest for Justice: An Unofficial Minecraft ...." My Book.

75. https://www.youtube.com/watch?v=jxyXRBtypng

76. Scholarships.com. "Esports Scholarships / Scholarships for Gamers." *Scholarships for College Free College Scholarship Search 2018-2019*, www.scholarships.com/financial-aid/college-scholarships/sports-scholarships/esports-scholarships-scholarships-for-gamers/.

77. Get Started | Minecraft: Education Edition." https://education.minecraft.net/get-started/

¿CREAS O CONSUMES?

78. https://iamclaudius.com/

79. https://es.wikipedia.org/wiki/Consumidor Un consumidor es una persona u organización que demanda bienes o servicios a cambio

de dinero, proporcionados por el productor o el proveedor de bienes o servicios.

80. K–12 Digital Citizenship Curriculum Scope ... - CommonSense.org." https://www.commonsense.org/education/scope-and-sequence.

81. https://www.wordreference.com/definicion/crear Producir algo de la nada.

82. https://spark.adobe.com/es-ES/sp/

83. https://edex.adobe.com/spark

¿A QUIÉN LE DIRÍAS QUE SÍ?

84. https://linktr.ee/techamys

EL PODER DE LAS CARPETAS ESTUDIANTILES

85. https://mandyfroehlich.com/

86. https://www.youtube.com/watch?v=xcmI5SSQLmE&feature=youtu.be

87. Flipgrid." https://flipgrid.com/

VOCES DE LOS ESTUDIANTES EN UN AULA GLOBAL

88. "Real Academia Española" https://dle.rae.es/?id=9k4vZuY . f. Cobertura de cama que sirve de adorno y abrigo. 2018

Sinónimos: Edredón, cobertor, cubrecama, frazada.

UN AULA GLOBAL

APRENDIZAJE AUTÉNTICO

89. vr2ltch." 21 Dec. 2018, http://www.vr2ltch.com/.

90. Educator Innovator | What Does It Mean to Be "Future Ready ...." 7 Apr. 2015, https://educatorinnovator.org/what-does-it-mean-to-be-future-ready-adaptable-for-starters/

91. "Pigzbe: Helps Kids 6+ Develop Great Money Habits by ... - Kickstarter." https://www.kickstarter.com/projects/primotoys/pigzbe

DIGCIT EN TODAS PARTES

92. https://eduktech.net/

93. Jason Ohler Free MOOC on Digital Citizenship » D & D Tech." 10 Jan. 2014,http://www.jasonohler.com/wordpressii/.

UN MUNDO, UN AULA

94. Our Global Classroom – One World One Classroom." https://ourglobalclassroom.com/.

95. Joel Artista | Joel Artista: nomadic artist, educator & advocate for social ...."Acceso Junio 24, 2019 https://joelartista.com/

96. https://us.iearn.org/ Red Internacional de Educación y Recursos.

97. Look to Learn – Our Global Classroom." 19 Nov. 2018,https://ourglobalclassroom.blog/category/look-to-learn

98. The Global Goals." 9 Sep. 2018, https://www.globalgoals.org/

99. TEDx Talks. "Empowering Educators for the Global Goals! | Mareike Hachemer | TEDxHeidelberg." YouTube, YouTube, 4 Jan. 2017, www.youtube.com/watch?v=u5OcbNTqbM4&feature=youtu.be

100. Flipgrid - Video for student engagement and formative assessment." https://flipgrid.com/whatif

PENSAMIENTOS FINALES

101. https://www.youtube.com/watch?v=HF-a-UmoRt4

CONTENTS

Prefacio	v
Prólogo	ix
1. DigCitKids: Nuestra Historia	1
2. Padres y madres conectades	29
3. La gran familia digital hindú	37
4. Ciudadanía Digital es Ciudadanía Global	43
5. Se lleva a cabo	51
6. Centro de ayuda para estudiantes	57
7. Construyendo ciudadanos en Minecraft	63
8. ¿Creas o consumes?	71
9. ¿A quién le dirías que sí?	77
10. El poder de las carpetas estudiantiles	81
11. Voces de los estudiantes en un aula global	91
12. Construyendo puentes, conectando aulas	95
13. Aprendizaje auténtico	101
14. DigCit, en todas partes	105
15. Un Mundo, un aula	109
16. Pensamientos finales	115
Untitled	117

www.ingramcontent.com/pod-product-compliance
Lightning Source LLC
Chambersburg PA
CBHW071246070526
44583CB00017B/2346